Facility Management sem Mistérios

Ambientes climatizados, ar condicionado e processos de refrigeração

Dados Internacionais de Catalogação na Publicação (CIP)
(Claudia Santos Costa - CRB 8ª/9050)

Santana, Thiago
Facility management sem mistérios : ambientes climatizados, ar condicionado e processos de refrigeração / Thiago Santana. – São Paulo : Editora Senac São Paulo, 2025.

Bibliografia.
ISBN 978-85-396-5620-2 (impresso/2025)
e-ISBN 978-85-396-5621-9 (ePub/2025)
e-ISBN 978-85-396-5622-6 (PDF/2025)

1. Administração de instalações. 2. Climatização. 3. Ar condicionado. 4. Refrigeração. I. Título.

25-2499c CDD – 658.2
BISAC BUS093000

Índice para catálogo sistemático:
1. Administração de instalações : Ambientes climatizados : Ar condicionado : Refrigeração 658.2

Thiago Santana

Facility Management sem Mistérios

Ambientes climatizados, ar condicionado e processos de refrigeração

Editora Senac São Paulo – São Paulo – 2025

EDITORA SENAC SÃO PAULO
Conselho Editorial
Luiz Francisco de A. Salgado
Luiz Carlos Dourado
Darcio Sayad Maia
Lucila Mara Sbrana Sciotti
Luís Américo Tousi Botelho
Gerente/Publisher
Luís Américo Tousi Botelho
Coordenação Editorial
Verônica Marques Pirani
Prospecção
Andreza Fernandes dos Passos de Paula
Dolores Crisci Manzano
Paloma Marques Santos
Administrativo
Marina P. Alves
Comercial
Aldair Novais Pereira
Comunicação e Eventos
Tania Mayumi Doyama Natal
Edição de Texto
Karen Daikuzono
Preparação de Texto
Editora Polis
Coordenação de Revisão de Texto
Marcelo Nardeli
Revisão de Texto
Meggie C. Monauar
Coordenação de Arte e Projeto Gráfico
Antonio Carlos De Angelis
Projeto Gráfico, Capa e Editoração Eletrônica:
Tiago Filu
Imagens
Adobe Stock
Cristiane Martins Paim (Multiuso Comunicação)
Impressão e Acabamento
Gráfica AR Fernandez

Editora Senac São Paulo
Av. Engenheiro Eusébio Stevaux, 823 – Prédio Editora – Jurubatuba
CEP 04696-000 – São Paulo – SP
Tel. (11) 2187-4450
editora@sp.senac.br
https://www.editorasenacsp.com.br

Nota do autor: este livro fornece informações gerais sobre o assunto abordado. O autor não está prestando serviços profissionais para nenhuma situação ou sistema com requisitos específicos, os quais podem variar de local para local. O autor não pode ser responsabilizado por nenhuma pessoa ou entidade em relação a qualquer perda ou dano causado, ou alegadamente causado, direta ou indiretamente, em função da utilização das informações contidas neste livro. É de total responsabilidade do leitor avaliar se as informações são relevantes e se podem ser aplicadas apropriadamente para seu caso.

Sumário

Nota do editor

No dinâmico dia a dia corporativo, muitas vezes nem nos damos conta da importância do setor responsável por toda a infraestrutura que mantém a organização em pleno funcionamento. A gestão de facilities é uma atividade ampla e engloba diversas áreas que trabalham em conjunto para garantir a funcionalidade do negócio.

De certa maneira, a pandemia de covid-19, por exemplo, trouxe para o conhecimento de todos a importância de se manter uma boa qualidade do ar em ambientes fechados, com medidas como renovação do ar e limpeza dos sistemas de filtragem. Com foco nos sistemas de climatização e condicionamento do ar, esta obra é uma valiosa contribuição para estudantes e profissionais de facility management, uma vez que, embasada nas normas técnicas vigentes e sob a perspectiva da aplicação prática, aborda desde os princípios de funcionamento, os componentes dos sistemas e os principais tipos de equipamento até a automatização de processos, consumo excessivo de energia elétrica e sistemas de tratamento de ar à base de radiação ultravioleta e de gás ozônio.

Por meio desta publicação, a Editora Senac São Paulo reforça seu compromisso com a formação de profissionais capacitados de acordo com as exigências do setor, de modo que possam trabalhar para oferecer ambientes adequados, confortáveis e eficientes para a saúde e o bem-estar de todos os seus ocupantes.

Prefácio

O facility manager (FM) é o guardião do patrimônio físico de um empreendimento. Sob sua responsabilidade, está a correta operação e as manutenções preventivas, corretivas e preditivas de todos os sistemas que contribuem, direta e indiretamente, para a produtividade, a segurança e o conforto, garantindo um ambiente agradável e o bem-estar dos usuários que frequentam esse espaço. A vida útil dos sistemas e subsistemas está relacionada à qualidade dos equipamentos, componentes, assessórios e, principalmente, à qualificação dos profissionais habilitados para a realização de suas operações.

O conteúdo deste livro apresenta os fundamentos da climatização e de condicionamento de ar ambiente, descritos de maneira ordenada, esclarecedora e, como se propõe, sem mistérios. Os diferentes ambientes – destinados a trabalho, ensino, lazer ou entretenimento – têm em comum a necessidade de oferecer aos usuários condições climáticas e com qualidade do ar interno adequadas, preestabelecidas por normas e códigos de usabilidade para cada tipo de ocupação.

Sistemas de climatização e de condicionamento de ar são ciências multidisciplinares. São projetados, instalados e operados para controlar fenômenos físicos que atendam com segurança às necessidades biológicas e comportamentais do usuário ou aos processos produtivos específicos. Controlam *simultaneamente* cinco parâmetros físicos mensuráveis da movimentação do ar no ambiente: *temperatura*, *umidade*, *velocidade* (distribuição), *pureza* (filtragem) e *renovação* (troca com o ar exterior). *Ruído* é o sexto parâmetro importante a ser considerado.

Para controlar e garantir que esses fatores ofereçam o resultado esperado pelos usuários, é inquestionável a necessidade da elaboração de um projeto de climatização por especialista que interaja, desde o início, com o responsável pela concepção construtiva e que saiba como os ambientes internos serão usados. A etapa seguinte é a instalação do sistema, composto de equipamentos, automação, acessórios, dispositivos de medição e controle, subsistemas, etc.

O *start up* do sistema de climatização depende diretamente de testes, ajustes e balanceamentos (TAB) que garantirão a operação continuada dos modelos previamente projetados e em condições de serem controlados pelos usuários ou por empresas e profissionais terceirizados, os quais devem ser qualificados e habilitados para operacionalizar em conformidade com as normas em vigor. É usual e recomendável a contratação de um profissional independente que acompanhe essas etapas.

Todos esses fatores, além, é claro, dos desafios similares demandados pelas demais facilities do empreendimento, são decisivos para o empreendedor planejar o retorno sobre o investimento (ROI, sigla em inglês de *return of investment*), considerando o capital investido (Capex) e o custo operacional (Opex), riscos de oportunidade, atualização tecnológica, etc.

O autor está atento às importantes e necessárias questões que o facility manager deve ter conhecimento para assumir a responsabilidade da operação e controle do sistema de climatização ao discorrer sobre sistemas de gestão, por exemplo, CMMS (*computerized maintenance management system*) e BMS (*building management system*). A necessidade da contratação de profissionais com conhecimentos específicos sobre os diversos sistemas de climatização – conceitualmente divididos em *expansão indireta*, composta por resfriadores de líquido (chillers), fancoils e bombas de circulação de água resfriada pelos diversos ambientes a serem climatizados, e *expansão direta*, dos tipos self-contained, split-system, VRF ou VRV, que fazem circular o fluido refrigerante pelos diversos ambientes – tem contribuído para a profissionalização crescente do FM. Ambos os conceitos – expansão indireta e direta – podem operar com condensações a ar ou água, que incluem subsistemas de torres de condensação e bombas. Da mesma maneira, ambos os tipos de sistema vêm passando por continuada evolução tecnológica, incorporando automação que permite melhor controle de todos os componentes e subsistemas, resultando em maior eficiência energética e menores custos operacionais.

O FM deve ter conhecimento da adequação dos diversos sistemas de climatização e refrigeração em operação atualmente no Brasil e no exterior. Assim, necessita conhecer os compromissos assumidos pelos países signatários dos protocolos de Montreal e de Paris, além da Emenda de Kigali, para reduzir a emissão de CO_2 e o emprego de fluidos refrigerantes que, quando liberados inadequadamente para a atmosfera, provocam o chamado "efeito estufa", medido em toneladas equivalentes de CO_2. Existem dezenas de milhões de equipamentos e sistemas de ar condicionado e de refrigeração em operação que necessitarão ser "retrofitados" ou, até mesmo, trocados antes de 2035. A maioria dos equipamentos comercializados desde o início dos anos 2020 já utiliza fluidos refrigerantes que atendem adequadamente às exigências ambientais padronizadas internacionalmente. O grande desafio, além das adequações às inovações tecnológicas, é a contratação de profissionais devidamente capacitados e habilitados para o cumprimento da demanda adicional desses serviços específicos. O autor explana essa dinâmica com muita clareza no capítulo referente aos gases refrigerantes.

A maior atenção deste livro é destinada às questões da qualidade do ar interno (QAI) dos ambientes climatizados, objetivo principal dos profissionais do setor Avac-R (aquecimento, refrigeração, ar condicionado e ventilação). A maioria dos usuários sabe intuitivamente o que é qualidade do ambiente interno, cuja conhecida versão em inglês é *environmental indoor quality* (IEQ), que inclui acertadamente iluminação, ergonomia, luminosidade, entre outras, em que a climatização é a mais desafiadora e relevante característica. O capítulo referente a esses temas é rico na análise da renovação do ar e de como deve ser feita a limpeza dos sistemas de filtragem, imprescindíveis para o controle, redução e até mesmo retenção de vírus e bactérias, conforme atestam os incontáveis estudos e *cases* amplamente divulgados para controles das endemias e pandemias. A pandemia da covid-19, provocada pelo vírus Sars-CoV-2, evidenciou a necessidade de haver esses controles.

Para que o FM tenha pleno domínio e exerça uma gestão eficaz para atingir seus objetivos, é imprescindível que conte com o plano de manutenção, operação e controle (PMOC) de cada uma das facilities integradas entre si. O termo PMOC se tornou popular com a promulgação da Lei nº 13.589, de 4 de janeiro de 2018, que obriga os edifícios de uso público que tenham equipamentos e sistemas de condicionamento de ar artificialmente climatizados com capacidades superiores a 5 toneladas de refrigeração (60 mil BTUs) a terem profissionais responsáveis pela operação dos equipamentos que sejam habilitados pelo PMOC do empreendimento. Essa lei, que foi precedida durante quase vinte anos por estudos e discussões entre diversos especialistas de climatização de ambientes e áreas afins, é um importante instrumento de gestão para que o

FM execute com pleno êxito sua missão de atender às demandas de conforto e segurança de ambientes e preservar o patrimônio do empreendimento.

O conteúdo deste livro é um estímulo aos gestores de facility management a tornarem os sistemas de climatização e de condicionamento de ar referências de manutenção, operação e controle para as demais facilities.

Boa leitura!

Arnaldo Basile

Presidente-executivo da Associação Brasileira de Refrigeração, Ar Condicionado, Ventilação e Aquecimento (Abrava)

Para meu pai, José Ernandes Pereira Santana,
cuja imortalidade agora excede as nossas lembranças.

Para Monica Casaroti, como tudo.

Agradecimentos

Este livro, durante toda a sua jornada, não teria sido possível sem o apoio de diversas pessoas, por isso, gostaria de registrar meu agradecimento a cada uma delas.

Aos amigos Francisco Abrantes, Robson Quinello e Adriano Souza pela inspiração em adentrar no mundo da escrita e pelas valiosas dicas sobre o processo de criação. Aos colegas Henrique Cury, Celso Simões, Paulo Neulaender e Charles Domingues pelas histórias, conversas e esclarecimentos das diversas dúvidas que surgiram sobre os temas desta obra.

Aos que contribuíram gentilmente compartilhando seus "causos", dando mais cor a este material, como os estimados Carlos Trombini, Gabriel Martim, Fatima Sousa, Paulo Ponso e Livia Lourenço, deixo aqui meu muito obrigado.

Agradecimentos especiais a Arnaldo Basile, não só pela honra de escrever o prefácio, mas por toda a gentileza na construção de diversas pontes que foram necessárias para a elaboração deste projeto, e a Arnaldo Parra e Leonardo Cozac, que emprestaram seu tempo e todo o seu conhecimento não só em horas de conversa, mas na revisão técnica de tudo que ousei escrever. Ainda assim, toda a responsabilidade por este conteúdo é única e exclusivamente minha.

E, claro, quero agradecer à minha família e a todos com quem tive o prazer de trabalhar durante os mais de vinte anos de experiência nesse segmento tão apaixonante.

Esta obra é o meu muito obrigado a todos vocês.

Introdução sobre facility management

Vou contar três histórias e me diga se você se identifica com alguma delas. Se sim, definitivamente este livro é para você.

Na primeira história, vou falar de Marcos. Ele exercia uma função administrativa em um escritório de advocacia. Atuava, em geral, com situações rotineiras, atividades gerais do dia a dia. Distribuía a correspondência, cuidava dos materiais de escritório, organizava os arquivos. Com Marcos, não havia tempo ruim. Se surgisse um problema, ele resolvia. Ou pelo menos tentava. Fuçava, pesquisava e, de tentativa em tentativa, acabava sempre achando um jeito de fazer as coisas darem certo.

Foi assim com as impressoras. Se algum equipamento desse problema, atolasse papel, estivesse com a imagem do escâner ruim ou simplesmente não se comunicasse com o novo computador do chefe, já "tocava" chamar o Marcos para ele resolver a situação. Com o tempo, entendeu até que o cartucho da marca X dava mais resultados e durava mais do que o da marca Y, apesar de ser mais caro. Um dia, decidiram aposentar os equipamentos próprios da empresa, substituindo-os por um novo modelo de contrato e serviços, em que a empresa não possuiria mais as impressoras, mas remuneraria o fornecedor dessas máquinas por página impressa. Não teria mais de se preocupar com cilindros, cartuchos, tinta de impressão, nada. Qualquer problema, bastava ligar para o novo fornecedor, que enviaria um técnico para resolvê-lo.

No entanto, a empresa prestadora de serviços precisava de alguém do escritório de advocacia para ser o ponto de contato da operação. Alguém para agendar as manutenções, contabilizar o fechamento mensal das impressões e abrir os chamados, caso algum problema surgisse. Não tiveram dúvidas: Marcos era a pessoa ideal para cuidar disso. Pouquíssimo tempo depois, ninguém mais se preocupava com impressoras. Funcionavam o tempo todo. Quando não funcionava, era só chamar o colega.

Certo dia, um dos advogados levou uma máquina de café expresso para o escritório. A moda pegou muito rápido. Em pouco tempo, cada sala passou a ter sua maquininha. Os próprios associados traziam seus equipamentos de casa ou faziam vaquinhas para comprá-las. E cada um comprava as próprias cápsulas que consumiria. Somado ao sempre disponível café da garrafa térmica da cozinha, havia estoque infinito desse poderoso elixir. Mas não era prático. Tinha sempre aquele que pegava a cápsula do outro, ou o que não contribuía com o pó para o café coado, ou o que nunca queria "passar o café". Crise no departamento de Recursos Humanos.

"Na empresa em que meu irmão trabalha aconteceu a mesma coisa. Aí colocaram uma máquina de café automática e os problemas acabaram."

Então, fez-se a luz. Foram feitas pesquisas, testes, degustações, e decidiu-se implantar um sistema automático de café em que cada colaborador teria sua cota mensal de doses para consumir.

Mencionei que a fornecedora da máquina de café pediu a indicação de alguém para ser a ponte de comunicação entre ela e o escritório de advocacia? Não? Pois é, pediu. E o escritório lembrou-se do sucesso de Marcos com as impressoras. Quem cuida de impressora, cuida de máquina de café, é óbvio.

Isso aconteceu mais ou menos na época em que o condomínio mudou as cancelas da garagem e precisaram revisar todos os cartões de acesso. Tinham que reemitir quase cem autorizações e controlar quem continuava a trabalhar no escritório, quem já tinha mudado, quem fora promovido ou quem tinha perdido o direito ao uso da garagem. A gestão de mais esses serviços ficou para ninguém mais ninguém menos do que nosso super Marcos.

E ele, que sempre estava atento a novas oportunidades, constantemente se perguntava: "O que vem mais por aí?".

Na segunda história, temos Laura, estagiária de uma empresa de engenharia. Fora contratada para cuidar de algumas áreas da fábrica. Na verdade, dos problemas, já que ninguém tinha paciência para resolvê-los. Era o ar-condicionado que nunca funcionava, os vasos sanitários que vazavam, as lâmpadas que viviam queimadas, enfim, um caos.

Então, ela começou sua jornada buscando entender como funcionava cada um dos itens daquele ambiente. Quais recursos lhe foram dados para trabalhar? Uma lista com o telefone de algumas empresas que, segundo a própria Laura, "era para ligar quando desse algum problema".

E ela ligou. Primeiro para a empresa que cuidava da climatização. Afinal, trabalhar no "forno" era simplesmente caótico. Por causa de sua curiosidade, perguntou logo de cara:

"Por que temos tanto problema aqui na fábrica?"

"Falta PMOC, moça. Se não implantar direito, o sistema não vai funcionar nunca."

"Falta o quê?"

Não foi sem uma boa dose de interesse, misturada com angústia, que Laura acabou descobrindo o que significava aquela palavra estranha e, a partir daí, passou a entender e se familiarizar com as rotinas da manutenção do sistema e as questões envolvendo filtros, fluidos refrigerantes e, até mesmo, eficiência energética. Passou a dominar o assunto e, em pouco tempo, ninguém mais lembrava que o sistema de climatização era problemático.

Assim como ninguém mais lembrava dos problemas de iluminação, banheiros e móveis do escritório. Mesmo sem grandes investimentos, sem muitas mudanças na forma de trabalhar, parecia que tudo estava sempre novinho. Assim, a empresa também pediu para Laura cuidar dos canteiros e das instalações das diversas obras que tinha espalhados por toda a cidade. Laura era agora a pessoa responsável por toda a infraestrutura da organização.

Mas ela sempre ficava se perguntando: "E pensar que há pouco tempo eu nem sabia o que era um PMOC... Será que tem mais coisas por aí que ainda não sei?".

Por fim, a terceira história é de Paulo. Paulo era um dos muitos limpadores que trabalhavam em um dos principais shopping centers da cidade. Atento a tudo, era no setor dele que o piso parecia brilhar mais, que os sanitários pareciam estar mais limpos e que tudo parecia estar mais em ordem.

Tanta dedicação rendeu a ele uma promoção. Era agora líder de toda a área de higiene. Estava orgulhoso, fazia seu trabalho com ainda mais afinco e achava que as coisas estavam bem. Afinal, tinha conseguido estender a qualidade dos trabalhos do seu setor para todo o restante do shopping.

Um dia, observando que os canteiros, na entrada do empreendimento, estavam meio abandonados, ele teve uma ideia. Perguntou ao seu gestor se poderia falar com o jardineiro para dar um "tapa" ali, e, em pouco tempo, o tal "canteiro abandonado" virou cenário obrigatório das fotos de quase todos os visitantes que circulavam por aquele espaço.

A iniciativa chamou atenção da administração do shopping, e quando o gestor de Paulo decidiu trabalhar em outro lugar, foi-lhe oferecida a oportunidade de assumir a gestão de todas as operações de limpeza e jardinagem do empreendimento.

Já na nova função, um desafio importante lhe bateu à porta. Um dia, um dos seus colegas de trabalho derramou, por acidente, um dos produtos de limpeza no próprio braço, o que deixou a pele muito irritada. Paulo não sabia o que fazer. Perguntou para outro colega se ele já havia passado por situação semelhante e, então, ouviu como resposta:

"Consulta a FDS do produto. Lá tem as orientações necessárias para esse tipo de problema."

" Consultar o quê?"

Foi na FDS (ficha de dados de segurança) que Paulo descobriu que a irritação na pele do seu colega era passageira, que bastaria lavar o local com água e sabão neutro que tudo ficaria bem.

A partir dali, ele ficava sempre se perguntando: "Será que há mais FDS por aí que eu não conheço?".

Por essas voltas que a vida dá – e que precisam acontecer para toda boa história ter um final bom –, certo dia Marcos, Laura e Paulo se descobriram facility managers, ou simplesmente FMs. Descobriram que o que eles fazem é a mesma coisa que um monte de gente faz no mundo todo e que seus problemas, seus perrengues e suas dúvidas são os perrengues, problemas e dúvidas que assolam boa parte dos profissionais do setor. Também descobriram que suas atividades têm papel crucial para todas as organizações.

Primeiro, o facility manager é responsável pela infraestrutura de uma instalação, pelos sistemas que permitem que determinado estabelecimento continue funcionando, produzindo e atendendo clientes. Se a infraestrutura falhar, a empresa falha.

Segundo, o facility manager é responsável pela primeira ou segunda maior linha de despesas de qualquer organização. Ao se somar todos os custos relacionados aos serviços, espaços, utilidades e gestão de negócio, nota-se que eles correspondem a uma parcela importante dos investimentos, por isso, qualquer economia nessas atividades representa aumento direto na lucratividade e na competitividade da operação.

Terceiro, o facility manager é responsável pelo ambiente de trabalho, que é um dos motivos de atração e retenção de talentos, diminuição de absenteísmos e doenças ocupacionais. Um espaço de trabalho bem cuidado melhora o humor, a criatividade e a produtividade de qualquer profissional.

Mas o que é um facility manager?

A norma técnica NBR ISO 41001, que trata de sistemas de facility management, joga luz sobre alguns desses pontos até então pouco conhecidos, e é ela que traz uma importante definição: "Facility management: função organizacional que integra pessoas, propriedade e processos dentro do ambiente construído com o objetivo de melhorar a qualidade de vida das pessoas e a produtividade do negócio principal" (ABNT, 2020).

Marcos, Laura e Paulo se deram conta de que seu papel é muito maior do que imaginavam, e ficaram frustrados porque tão poucas pessoas sabem disso nas empresas.

Identificou-se com essas histórias? Pois é, você não está sozinho. Ao longo de mais de vinte anos de experiência nesse setor, vivenciei diversas situações em que o profissional facility desenvolve suas habilidades por meio de tentativas e erros. No entanto, aprender por este método tem custado cada vez mais caro às organizações.

Em um ambiente onde precisamos ser um misto de engenheiros, arquitetos, contadores, advogados, administradores e até psicólogos, não dá para saber tudo de tudo, e todo o tempo. Mas se soubermos o que é mais crítico, dentro daquilo que mais importa, estamos um passo mais perto da excelência.

É disso que este livro trata. Não pretendo trazer respostas prontas, mas ajudar você a elaborar as melhores perguntas diante de cada situação, a priorizar o que pesquisar e onde buscar informações.

O livro não deve ser utilizado como base normativa, e sim como ponto de partida para estudos mais amplos sobre os temas abordados. O objetivo principal desta obra é fornecer uma estrutura básica de conhecimento – técnico e gerencial – de maneira simples, objetiva e descontraída, para que você, profissional que trabalha nessa área, consiga dominar aspectos mínimos que permitam um controle mais assertivo, seguro e econômico das atividades, dos serviços e das melhores estratégias de gestão de facilities, para que você se torne um melhor facility manager.

Boa leitura.

CAPÍTULO 1

Da climatização, ar condicionado, refrigeração e afins

Nota introdutória importante, antes de começarmos nossos trabalhos. Durante as pesquisas para a elaboração deste livro, deparei-me com a seguinte pergunta: afinal, há diferença entre climatização, refrigeração, ar condicionado ou condicionamento de ar?

Há, ou pelo menos existe um grupo de condições mais relevantes que precisam ser consideradas na hora de utilizar um desses termos em determinados contextos. Conhecer bem essas variáveis é um passo importante para ser um bom facility manager. Vamos nos aprofundar em cada um desses conceitos.

Climatização é o processo pelo qual busca-se que determinado ambiente permaneça em temperatura simpática aos organismos biológicos que ali se quer preservar. Perceba que, ao usarmos a expressão *organismos biológicos*, estamos incluindo pessoas, plantas, animais e até culturas celulares. Há registros de sistemas de climatização que remontam às construções egípcias, em que, por meio de túneis, o ar circulava pelo seu interior para manter a temperatura mais agradável – ou mais "simpática" – aos organismos biológicos que ali se queria preservar.

Mas isso não é ar condicionado? Vamos lá.

A norma ABNT NBR 16401-1, item 3.1, traz uma importante definição para conceituarmos o processo de condicionamento de ar, que, em última instância, tem como produto o ar-condicionado.

> 3.1 condicionamento de ar
>
> processo que objetiva controlar simultaneamente a temperatura, a umidade, a movimentação, a renovação e a qualidade do ar em um ambiente. Em certas aplicações controla também o nível de pressão interna do ambiente em relação aos ambientes vizinhos. (ABNT, 2008b)

Isso significa que há pilares fundamentais que precisam estar presentes para se definir um processo de condicionamento de ar. São eles:

- **Temperatura:** consiste em influenciar a temperatura de determinado ambiente objetivando o conforto de seus ocupantes e/ou a realização de um processo.
- **Umidade:** consiste em influenciar a concentração de partículas de água de determinado ambiente, objetivando também o conforto de seus ocupantes e a realização de um processo.
- **Movimentação:** pode ser entendida não só como a velocidade de circulação do ar em um ambiente, como também a uniformidade de garantia das condições de temperatura, umidade, pressão e afins em todos os ambientes do sistema, evitando, por exemplo, a sensação de entrar em uma sala "extremamente fria" e sair para um corredor onde está "um calor insuportável". A complexidade e a criticidade desse pilar residem no fato de a movimentação influenciar também outros elementos.
- **Renovação:** tem como papel fundamental a manutenção de aspectos mínimos de qualidade de ar inerentes à sua ocupação. Em um ambiente primariamente ocupado por pessoas, renovação pode ter como objetivo o controle das concentrações de CO_2 desse espaço. No entanto, para aplicações distintas, a renovação pode ter também estratégias distintas (ver capítulo 15, "Minha história com climatização: depoimentos").
- **Nível de pressão:** quando controlamos bem a influência da pressão no ambiente que passa pelo processo de condicionamento de ar, garantimos o fluxo e o direcionamento do movimento do ar. Por exemplo, imagine um paciente que tem uma doença transmissível pelo ar e que precisa ficar em um ambiente isolado. Nesse caso, precisamos garantir

que o sistema de condicionamento opere de maneira que o ar daquele espaço não saia pelas portas ou janelas, sob o risco de contaminar outros ambientes e pessoas. Em um exemplo oposto, imagine um paciente que acabou de fazer um transplante de medula óssea e está com as defesas do seu corpo comprometidas. Ele não pode ter nenhum tipo de contato com vírus, bactérias ou algo prejudicial que venha do ambiente exterior. Nenhum ar externo pode entrar. Podemos garantir a segurança das pessoas nessas duas condições? Sim. O controle da pressão é responsável por esse papel.

- **Qualidade de ar:** tem relação direta com os elementos de filtragem e remoção de partículas em suspensão no ar, que tantos problemas podem trazer à saúde dos ocupantes de um ambiente.
- **Acústica:** tudo que falamos até aqui só é possível porque existem máquinas, motores e sistemas operando de maneira contínua. Mas quanto esses elementos atrapalham o conforto acústico dos ocupantes de um espaço? Cada vez mais, um condicionamento de ar eficiente também leva em conta os ruídos presentes em um ambiente.

Se você chegou até aqui, já deve ter percebido que há uma diferença *enorme* entre climatização e condicionamento de ar. Também já deve ter percebido que muito do que é chamado de ar condicionado... bem, não tem muito esse papel do ponto de visto teórico.

Neste livro, abordaremos principalmente os sistemas de climatização de ambientes. Isso quer dizer que não vamos falar sobre umidade, ventilação, elementos de filtragem e afins? Vamos falar muito, mas muito mesmo. No entanto, você perceberá que não o faremos com o mesmo nível de detalhamento e profundidade. Está tudo sob controle, pois, para a maioria esmagadora das aplicações-objeto deste livro, você continuará em boas mãos.

E o que seria refrigeração? Vamos a algumas definições.

Refrigeração é um processo ou um sistema pelo qual se objetiva remover calor de determinado ambiente. Quando falamos de refrigeração, estamos tratando de intervalos de temperatura muito grandes, conforme um conceito usual de mercado que será seguido neste livro. Por exemplo: uma geladeira de bebidas que opera a uma temperatura de 4 °C; uma câmara de armazenamento de alimentos, como aqueles balcões de carne congelada, que opera a –20 °C; ou até sistemas à base de nitrogênio, que podem chegar a –160 °C. São esses intervalos significativos que entendemos por refrigeração.

Assim, um termo que deve ter sua utilização feita de maneira muito cuidadosa é o de *ambiente refrigerado*, ou *ar refrigerado*. Certa vez, entrei em uma câmara que armazenava compostos de preparação para a pintura de aeronaves. Era um ambiente de cerca de 30 m^2 em que a temperatura interna era de –30 °C. Ali, sim, poderia dizer que estava em um *ambiente refrigerado*.

Mas em um escritório, em um local com conforto térmico, o termo não é corretamente aceito. Não devemos dizer que ali tem *ar refrigerado*, mas, sim, que é um ambiente climatizado ou, dependendo das circunstâncias (se os pilares forem respeitados), um ambiente condicionado.

Agora que esses temos ficaram mais claros, vamos começar nossa jornada? No próximo capítulo, falaremos sobre o princípio de funcionamento dos principais sistemas de climatização e condicionamento de ar.

CAPÍTULO 2

Princípios de funcionamento

Levei muito tempo para entender como funcionavam os sistemas de climatização e condicionamento de ar. O que faz com que uma máquina gere ar frio de um lado e ar quente do outro, e como isso funciona de maneira tão ordenada, tão funcional e tão previsível? "O segredo é a troca de calor", eu sempre escutava. Escutava, mas não compreendia. E quando essa chave mudou, isso me ajudou a melhorar a forma de atuação, gestão, manutenção e operação desses sistemas.

A base do funcionamento de um sistema de troca de calor – seja ele climatização, condicionamento de ar ou refrigeração, independentemente se o objetivo final é resfriar ou aquecer – é puramente física. Vamos abordar de maneira bem didática esse processo.

Pegue uma seringa – sem agulha – ou um aplicador de remédio que acompanha alguns medicamentos pediátricos.

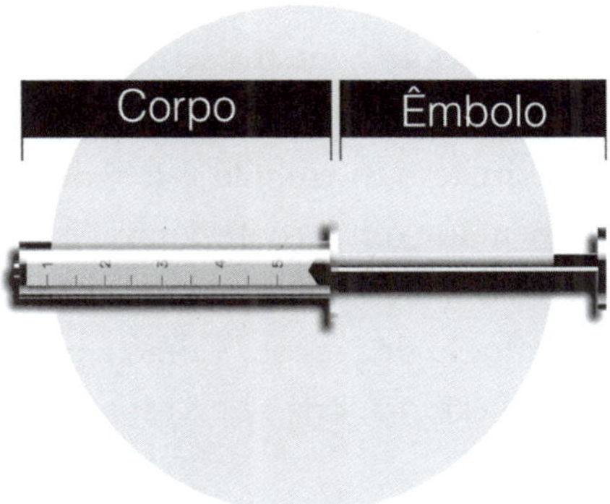

Figura 2.1. Visão geral dos componentes de uma seringa

Abra o êmbolo até o final. Tampe o bico do corpo da seringa e, então, aperte o êmbolo como se você fosse injetar o ar no seu dedo. O que acontece ao soltar o êmbolo, ainda com o dedo sobre o bico da seringa? Ele é empurrado de volta para fora.

Isso acontece porque o corpo da seringa não está vazio, ele está cheio de ar na mesma condição do ar externo à seringa. No entanto, quando fechamos o bico e apertamos o êmbolo, acabamos comprimindo essa "mistura" de ar que está lá dentro, ou seja, comprimimos suas moléculas. Como consequência, a pressão no interior aumenta e ela tenta se equilibrar com a pressão externa, fazendo força em todas as direções: no seu dedo, que está tampando o bico, nas paredes do corpo da seringa e no próprio êmbolo. Então, se você soltar o êmbolo, ele vai ser empurrado de volta para a sua posição original.

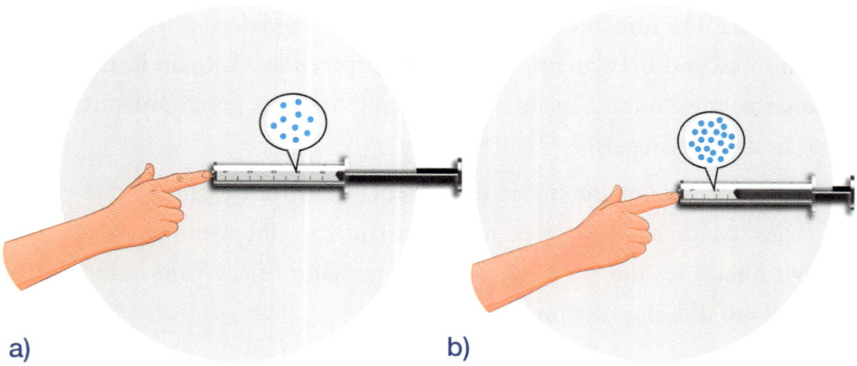

Figura 2.2. (a) Ar na mesma condição do ar externo e (b) ar comprimido pelo êmbolo

Faça o contrário agora. Pegue a mesma seringa e pressione o êmbolo até o final. Tampe o bico com o dedo ou com a tampa da seringa e, então, tente puxar o êmbolo. Nessa situação, o êmbolo é forçado de volta para dentro, porque, ao puxá-lo, aumenta-se o espaço disponível para uma mesma quantidade de ar, ou seja, há o afastamento das moléculas de ar em seu interior, e a consequência disso é a redução de pressão. Como a pressão dentro da seringa é menor do que a pressão externa, cria-se essa força que "puxa" a parte que foi pressionada.

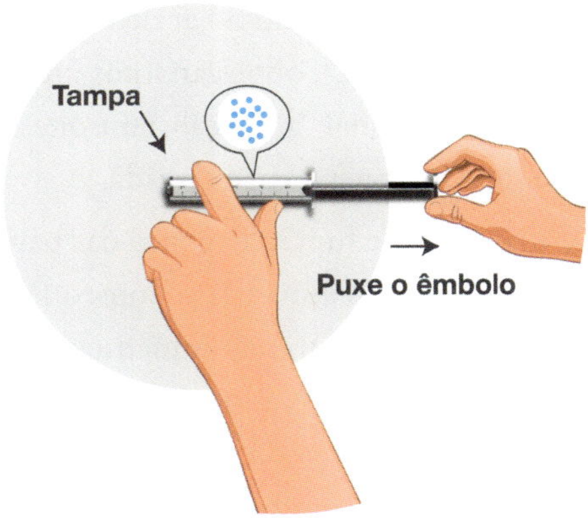

Figura 2.3. Afastamento das moléculas de ar dentro da seringa

Vamos inserir mais um elemento nesse exemplo para compreendermos o princípio da troca de calor: a lei geral dos gases.

A lei geral dos gases afirma que há certa correlação entre as condições de pressão, temperatura e volume dos gases de maneira geral. Essa relação se mantém constante quando combinamos essas grandezas da seguinte maneira:

$$\frac{(Pressão \times Volume)}{Temperatura}$$

Ou seja, pressão multiplicada pelo volume dividido pela temperatura em uma condição 1 é igual à pressão multiplicada pelo volume dividido pela temperatura em uma condição 2.

$$\frac{Pressão_1 \times Volume_1}{Temperatura_1} = \frac{Pressão_2 \times Volume_2}{Temperatura_2}$$

Vamos voltar para o caso da seringa, especificamente, para o primeiro exemplo, no qual o êmbolo é empurrado.

O volume de ar dentro do corpo da seringa não mudou a equação. Assim, simplificando:

$$\frac{Pressão_1}{Temperatura_1} = \frac{Pressão_2}{Temperatura_2}$$

Se fosse possível medir a temperatura do ar dentro da seringa depois de ela ter sido pressionada (temperatura 2), observaríamos um aumento do seu valor em relação à temperatura 1. Afinal, a relação tem que se manter constante. Aumentando-se a pressão, a temperatura é elevada.

Esse é também o princípio de funcionamento das panelas de pressão: cria-se um ambiente em que a pressão aumenta e, consequentemente, a temperatura também, facilitando o cozimento dos alimentos. Nesse caso, há variação de volume, uma vez que parte da água dentro da panela se transforma em vapor, mas não vamos entrar nesse mérito por enquanto.

Voltando para a seringa, no segundo exemplo, quando o êmbolo foi puxado, se fosse possível medir a temperatura de dentro, observaríamos uma diminuição dessa temperatura, uma vez que a pressão também diminuiu.

Vamos seguir com mais experimentos considerando esses princípios. Pegue a seringa, tampe o bico e aperte o êmbolo. Imagine que você consiga mantê-lo nessa posição, amarrando-o ou travando-o de alguma maneira. Em seguida, pegue essa seringa e coloque-a em um balde com gelo. É bem intuitivo imaginar que todo o corpo da seringa vai se resfriar.

Voltando para a lei geral dos gases, temos: se a temperatura baixou, a pressão também baixou. Então, ao tirar a seringa do balde e soltar o êmbolo, aumentaremos o espaço, dentro do corpo da seringa, para a quantidade de ar no seu interior, o que faz com que a pressão diminua e, logo, a temperatura baixe ainda mais. Em tese, esse movimento deve produzir uma mistura de ar mais fria do que a própria temperatura do balde de gelo.

Isso é exatamente como a lei geral dos gases funciona na prática, e o contrário também é verdade. Pegue a seringa com o êmbolo em repouso, feche o bico, coloque-a em uma panela com água e aqueça a água. À medida que ela esquenta, a seringa também esquenta e, por sua vez, esquenta o ar no interior. Aumentando a temperatura, aumenta a pressão.

Se pegarmos essa mesma seringa, com a temperatura mais elevada, e empurrarmos o êmbolo, a pressão irá aumentar e, consequentemente, a temperatura irá se elevar. Em tese, conseguiremos produzir uma mistura de ar mais quente do que a temperatura da panela que estava no fogo.

Guarde essas informações e conceitos enquanto avançamos no entendimento do princípio de funcionamento dos sistemas de condicionamento, climatização e refrigeração.

Componentes do sistema

No exemplo da seringa, utilizamos ar ambiente para realizar o experimento. As mudanças de temperatura que citei, se você conseguisse medi-las durante os testes, seriam muito tímidas – e praticamente ineficientes se o objetivo fosse mudar a temperatura de um ambiente de escritórios como um todo. Mas há elementos que podem fazer com que essas variações sejam muito mais intensas: os chamados *fluidos refrigerantes*.

Fluidos refrigerantes são compostos que têm por característica intervalos muito grandes de aumento ou diminuição de temperatura quando submetidos a aumento ou diminuição de pressão. Eles são, por assim dizer, elementos bem estressados. Aumente um pouco a pressão e você verá que a temperatura aumenta muito. O inverso também é verdadeiro.

Trabalhando com essas características foi que se desenvolveu o funcionamento de diversos equipamentos. Foi criado o chamado ciclo frigorígeno, que é um conjunto de componentes que existe no interior de praticamente todos os equipamentos-objeto deste livro.

A construção clássica do ciclo frigorígeno é composta de:

- compressor;
- condensador;
- válvula de expansão;
- evaporador.

Esses quatro elementos causam transformações em série, de forma constante em circuito fechado, no fluido que circula no interior. São essas transformações que geram o “arzinho frio de um lado e o arzinho quente de outro” nos equipamentos de climatização, condicionamento de ar e refrigeração.

Algumas pessoas podem estranhar a expressão fluido refrigerante em vez de gás refrigerante. É importante esclarecer que o mercado popularizou *gás refrigerante*, mas essa definição é incorreta. Por isso, desde o início, vamos nos acostumar a usar a expressão correta: *fluido refrigerante*.

Retornando aos aspectos da transformação que citamos, um ciclo frigorígeno é um circuito fechado por onde circula um fluido refrigerante. Dois elementos atuam mexendo na pressão desse fluido – o compressor e a válvula de expansão – e dois elementos atuam mexendo na temperatura desse fluido – o condensador e o evaporador. O esquema geral desse processo ocorre conforme mostra a figura 2.4.

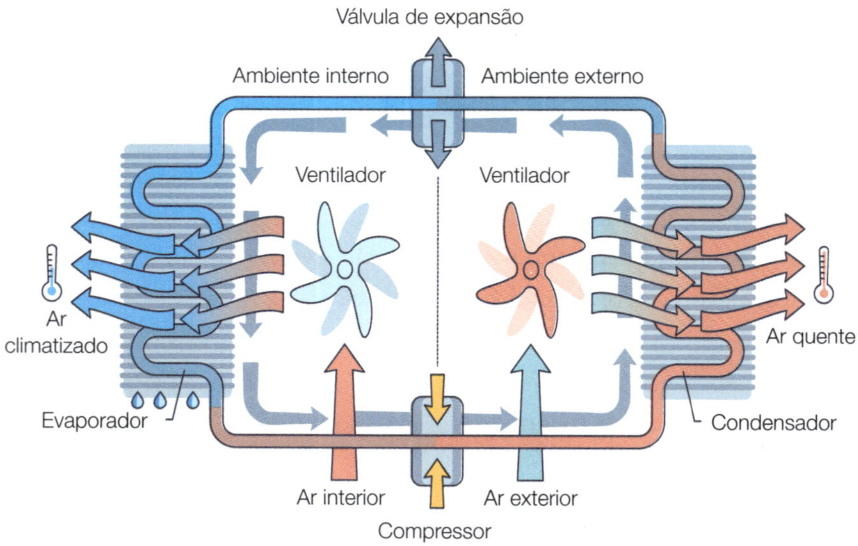

Figura 2.4. Ciclo frigorígeno

Com o equipamento desligado, o fluido refrigerante está lá, parado. Mas, quando a máquina é ligada, o compressor começa o ciclo comprimindo o fluido (figura 2.5). Conforme vimos no exemplo da seringa, como o volume é constante nesse ciclo, o aumento de pressão aumenta a temperatura.

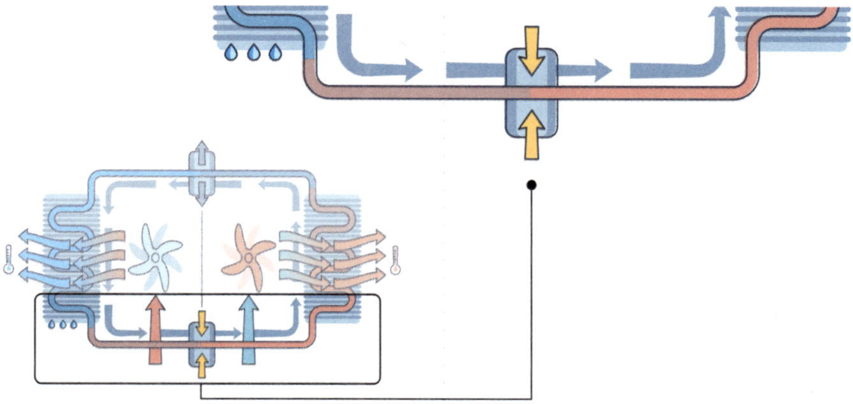

Figura 2.5. Compressor

Na segunda parte desse processo, o fluido superaquecido passa pelo condensador e troca calor com o ambiente externo. E, então, entra novamente a questão de troca de calor. Na prática, isso acontece quando duas ou mais coisas, corpos, substâncias – o que quer que seja –, com temperaturas diferentes, ao serem colocadas em contato, trocam calor até atingirem a temperatura de equilíbrio. Isso é o que chamamos de equilíbrio térmico. O corpo mais frio esquenta e o mais quente esfria até chegarem a uma temperatura comum. Quem nunca pegou algum alimento congelado que estava no *freezer* e o colocou em uma panela com água para "descongelar mais rápido"? Depois de uns minutos, a água está muito gelada – isso é a tal troca de calor.

Retomando o processo, o fluido superaquecido, que vem do compressor, chega então ao condensador (figura 2.6).

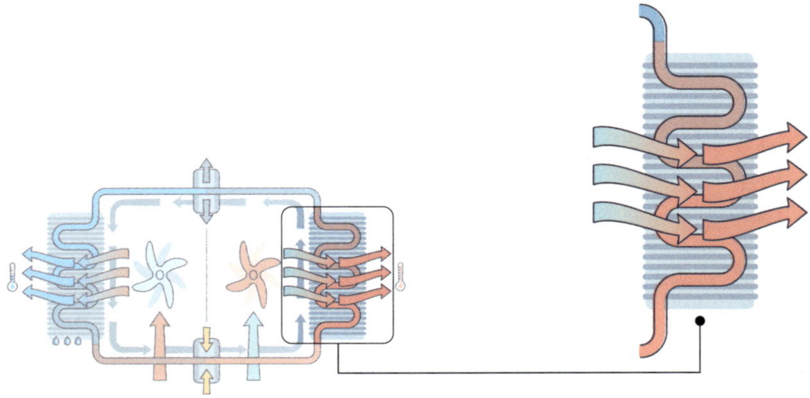

Figura 2.6. Condensador

Nessa segunda fase, não mexemos com a pressão, mas com a temperatura. O que existe na prática é um grande equipamento ventilando toda a superfície do tubo por onde está circulando o fluido. O design de "serpente" do tubo também é proposital. A serpentina do condensador tem o papel de fazer com que o fluido tenha mais área de contato com o ar que está sendo soprado. Esse ar, que está à temperatura ambiente, busca equilibrar sua temperatura com a do tubo, que está muito maior. Enquanto o ar soprado fica mais quente em relação à sua temperatura original, o tubo, e consequentemente o fluido dentro do condensador, esfria, ou seja, fica menos quente em relação à sua temperatura original. Sabe o ar quente que sai atrás da geladeira? É o condensador em ação.

Nota técnica 1: nesse momento, a troca é tão eficiente que o fluido muda de estado e passa para a fase líquida, aumentando muito a eficiência do sistema. Na prática, nada muda para o nosso entendimento do processo.

Nota técnica 2: os materiais de construção dos condensadores normalmente são de cobre, pois o cobre tem condutividade térmica maior do que a grande maioria das ligas metálicas. Assim, ele transmite calor com mais facilidade, em comparação ao alumínio, por exemplo.

Na terceira fase, esse fluido refrigerante menos quente que saiu do condensador passa pelo segundo elemento de pressão, a válvula de expansão (figura 2.7) – também conhecida como elemento de expansão ou tubo capital –, que nada mais é do que a mudança do caminho pelo qual o fluido percorre, antes comprimido em um tubo pequeno, para tubos maiores.

Como no exemplo da seringa, se temos o mesmo volume, mas estamos aumentando o espaço que ele ocupa, a pressão também diminui. Diminuindo a pressão, a temperatura também cai. A lei geral de gases passando por aqui mais uma vez.

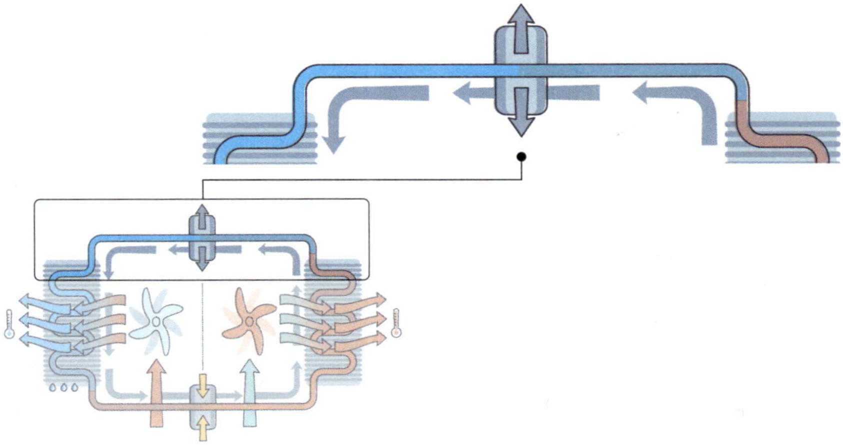

Figura 2.7. Válvula de expansão

Na quarta e última etapa, o fluido que saiu do dispositivo de expansão está a uma temperatura muito baixa. Nessa fase, assim como na do condensador, também não mexemos com a pressão, mas, sim, com a temperatura. O que existe na prática também é um grande equipamento ventilando toda a superfície do tubo por onde está circulando o fluido. Esse ar, que está à temperatura ambiente, busca equilibrar sua temperatura com a do tubo, que está muito menor. Enquanto o ar soprado fica mais frio em relação à temperatura original, o tubo e o fluido dentro do evaporador esquentam, ou melhor, ficam menos frios em relação à temperatura inicial. E esse ar que ficou mais frio é exatamente o que vai para o ambiente.

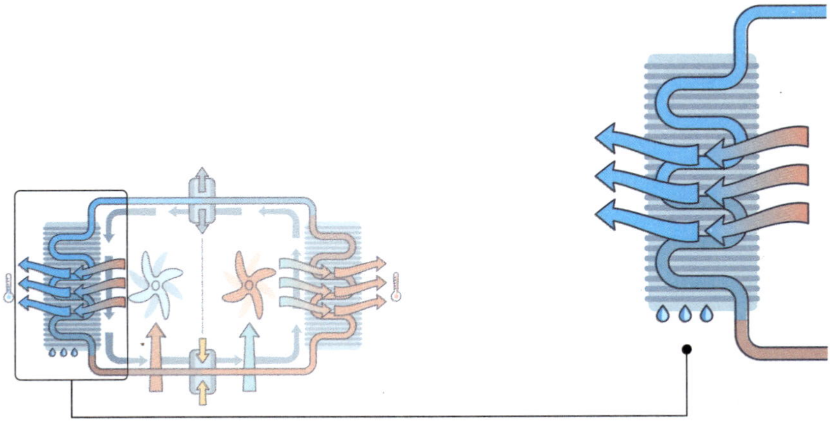

Figura 2.8. Evaporador

> **Nota técnica 3:** nesse momento, a troca é tão eficiente que o fluido, que está líquido, volta para o estado de vapor. A partir daí, ele segue seu curso rumo ao compressor, e o ciclo se repete.

O entendimento do ciclo frigorígeno me auxiliou a compreender melhor os processos de operação, manutenção e gestão desses sistemas. Com base neste capítulo, sugiro que reflita sobre as questões a seguir.

- O que pode acontecer se o condensador estiver obstruído? E se colocarmos um pano para secar atrás da geladeira?
- O que acontece se o compressor não comprimir direito?
- O que acontece se a válvula de expansão estiver desregulada?
- O que acontece se o evaporador estiver obstruído?

Essas perguntas serão respondidas mais adiante, e falaremos mais também sobre os elementos que compõem os fluidos refrigerantes, sua história, evolução e impactos no meio ambiente. No próximo capítulo, vamos conhecer as principais construções dos sistemas de climatização e condicionamento de ar.

CAPÍTULO 3

Os principais tipos de sistemas de climatização e condicionamento de ar

Existem diversos tipos de construção de sistemas de climatização e condicionamento de ar, uns mais simples, outros mais complexos, dependendo da aplicação ou da solução que se quer alcançar. Neste capítulo, a abordagem tem como foco como cada um se comporta e quais de seus componentes exercem as funções descritas anteriormente no ciclo frigorígeno.

Conhecer esses sistemas construtivos é importante porque as pequenas diferenças entre eles impactam diretamente os cuidados a serem tomados durante a operação e a manutenção das máquinas. Entendendo suas nuances, a chance de o facility manager conseguir respostas mais rápidas e eficazes para resolver os problemas que aparecerão aumenta.

Aparelhos de janela, roof tops e self-contained com condensação a ar

Começaremos abordando um grupo de equipamentos que opera exatamente da maneira descrita no capítulo anterior: aparelhos de janela, roof tops e self-containeds. Esses três "tipos de tecnologia" – em breve você entenderá o uso das aspas – são também identificados como sistemas de expansão direta.

Antes de explicar o que isso significa, vamos esclarecer o anglicismo adotado no mercado, o que pode ser notado na utilização das palavras self-contained e roof top. É importante o entendimento das diferenças entre os aspectos *conceituais* e os *mercadológicos* envolvidos no uso desses termos.

Self-contained significa independente. Conceitualmente, serve para identificar equipamentos que possuem todos os elementos – compressor, condensador, elemento de expansão e evaporador – operando em um mesmo "espaço". Um aparelho de janela é, em teoria, um aparelho self-contained.

Mercadologicamente, entretanto, o termo self-contained é usado para identificar os equipamentos *independentes* que, geralmente, proporcionam maior capacidade de troca de calor e fazem a distribuição do ar por meio de dutos. Isso não é uma regra, mas, como disse, é a prática do mercado. Esses equipamentos ficam normalmente instalados na casa de máquinas, diferentemente dos aparelhos de janela, que são montados diretamente no ambiente.

Já a expressão roof top é usada para definir a "área externa de um telhado ou uma cobertura". Mercadologicamente, esse é o termo usado para identificar os aparelhos *independentes* instalados em telhados ou coberturas, expostos ao ar livre e que, geralmente, também têm capacidade maior de distribuição de ar por meio de dutos.

Funcionalmente, aparelhos de janela, self-contained e roof tops são iguais, por isso o princípio de funcionamento desses três equipamentos são explicados juntos aqui.

Expansão direta são os sistemas em que a troca de calor, que propicia a mudança do estado do fluido refrigerante dentro do ciclo frigorígeno, nas unidades condensadora e evaporadora, é feita pelo próprio ar ambiente ao ser soprado pelos ventiladores (veremos mais adiante que, nos sistemas de expansão indireta, há outros elementos responsáveis por essa troca).

Ao se abrir qualquer um desses equipamentos – aparelhos de janela, self-containeds ou roof tops –, vê-se claramente os elementos principais de seu funcionamento (compressor, condensador, evaporador e válvula de expansão).

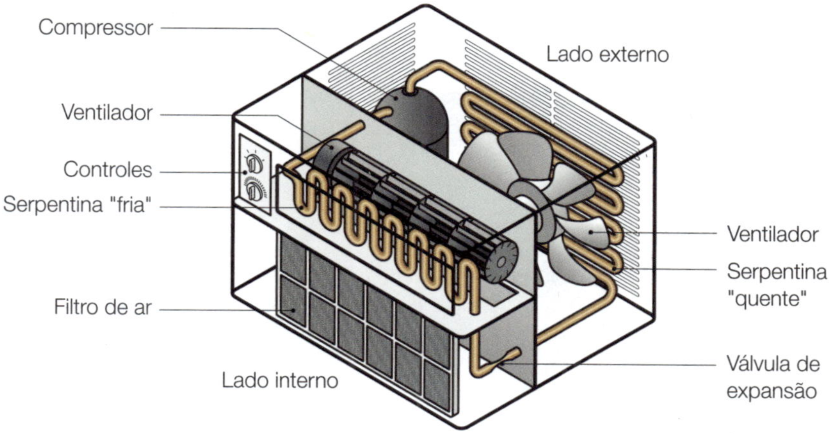

Figura 3.1. Vista esquemática de um aparelho de janela

Figura 3.2. Self-contained

Figura 3.3. Roof top

Um dos princípios básicos de funcionamento desses sistemas é a troca de calor com o ambiente externo realizada no condensador. Para os casos em que o ambiente a ser climatizado está muito distante de uma conexão com o ar externo, há variações da tecnologia independente (self-contained) que surgiram para ajudar a resolver esse problema: os aparelhos tipo split e as tecnologias com condensação a água.

Split

Mais um anglicismo que foi aceito pelo mercado em geral, split significa *separar*. Essa é exatamente *uma* das soluções que foram criadas para resolver o problema de distância entre o ambiente a ser climatizado ou condicionado e o ambiente externo: separar os elementos do ciclo frigorígeno.

De um lado, na porção mais próxima do ambiente externo, ficam o compressor, o condensador e a válvula de expansão. De outro, dentro da edificação, no ambiente que se quer climatizar, o evaporador. Observe como essa separação acontece nos desenhos esquemáticos dos aparelhos de janela e splits (figuras 3.1 e 3.4).

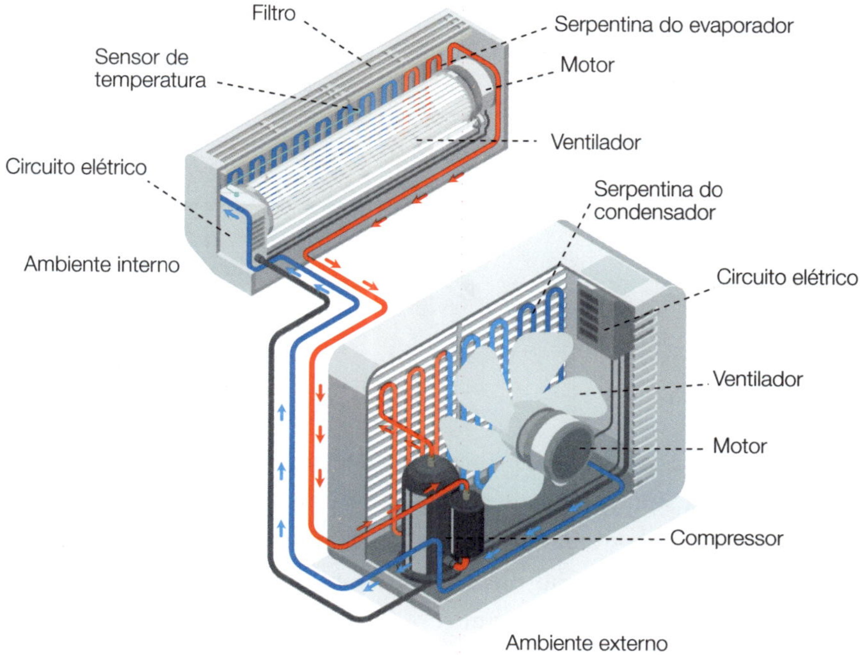

Figura 3.4. Split

O split nada mais é do que um aparelho de janela, um self-contained ou um roof top dividido em dois. A comunicação entre as duas unidades é feita por tubos de cobre, cheios de fluido, da mesma maneira que apresentamos no esquema do capítulo 2 (figura 2.4). A diferença, no caso do split, é a necessidade de um volume de fluido maior para preencher todo o espaço dessa tubulação, bem como um compressor um pouco mais robusto, já que ele precisa "empurrar" uma quantidade de material maior.

Essas soluções se mostraram tão flexíveis e tão bem aceitas que o mercado, com o tempo, criou variações desse equipamento, como os multisplits (nos quais apenas uma unidade condensadora faz a troca de calor para mais de uma unidade evaporadora).

Figura 3.5. Multisplit

Essa solução é interessante principalmente para locais com pouco espaço ou onde não há simultaneidade de uso entre os equipamentos – uma condensadora conectada a cinco evaporadores permite o funcionamento, por exemplo, de apenas uma ou duas evaporadoras, sem a necessidade de todas as cinco estarem em funcionamento. Considerando que uma pessoa que mora sozinha estará ou na sala ou nos quartos, esse recurso é uma solução bem vantajosa.

Em um ambiente corporativo, onde são necessárias diversas evaporadoras, em vários ambientes, distantes dos pontos de tomada de ar externo, e sendo utilizadas todas ao mesmo tempo, é preciso ter uma infinidade de tubos, conduzindo fluido refrigerante em toda a edificação? Seria uma solução, mas, pensando em algo mais prático, surgiram os sistemas de condensação a água.

A água como elemento de transporte de calor

Você deve ter visto, em algum momento na sua vida escolar, o conceito de *calor específico*. Teoricamente, calor específico significa a quantidade de energia necessária para fazer com que uma substância varie de temperatura, para mais ou para menos. Em termos práticos, em uma linguagem mais simples, significa quão fácil ou difícil é esquentar ou esfriar alguma coisa.

Ao longo da vida, vamos desenvolvendo noções intuitivas em relação a isso. Veja o exemplo de quando se quer fazer chá. Você pega um recipiente qualquer – uma chaleira, por exemplo –, enche de água e a leva ao fogo.

Depois de alguns poucos segundos, você praticamente não consegue encostar na parede da chaleira. Entretanto, a água lá dentro muitas vezes ainda está fria.

Termine de fazer o chá e coloque a água quente em um bule de cerâmica. Poucos minutos depois, a chaleira já esfriou, enquanto a água no bule continua quente, e assim continuará por um bom tempo.

Isso ocorre porque a liga metálica, da qual é feita a chaleira, tem calor específico muito menor do que a cerâmica, ou seja, é muito mais fácil esfriá-la ou esquentá-la do que o outro material.

A dificuldade de ganhar ou perder calor mostrou-se essencial nos grandes sistemas de ar condicionado. Vamos relembrar o conceito do split. Ao "dividirmos" o aparelho, de um lado temos os elementos de condensação, compressão e válvula de expansão, e, do outro, o evaporador. Quanto maior for a distância entre as duas partes, mais difícil será a viabilidade de se ter um fluido circulando no sistema, pois as tubulações de transporte precisam ser cada vez maiores, assim como a pressão de compressão para fazer o fluido se locomover. Até um ponto em que se torna inviável tecnicamente uma construção desse tipo.

Para resolver esse tipo de situação, desenvolveu-se o conceito que chamamos de sistema de *expansão indireta*. Nesse processo, na metade externa do aparelho, que comporta o compressor, o condensador e a válvula de expansão, o ventilador continua soprando ar nas tubulações do condensador que contêm fluido refrigerante. No entanto, em vez de esse fluido ser direcionado até os evaporadores, ele agora entra em contato com outra tubulação por meio de um trocador de calor, contendo água. O princípio é o mesmo: o fluido, bem mais frio, aquece, ao passo que essa água resfria. Ela, então, fica gelada, e a tubulação, contendo água gelada, a distribui para os climatizadores nos diversos ambientes.

Esse projeto é montado por meio de chillers conectados a fancoils. Observe que o sistema de multisplit (figura 3.5) e de chillers é muito similar.

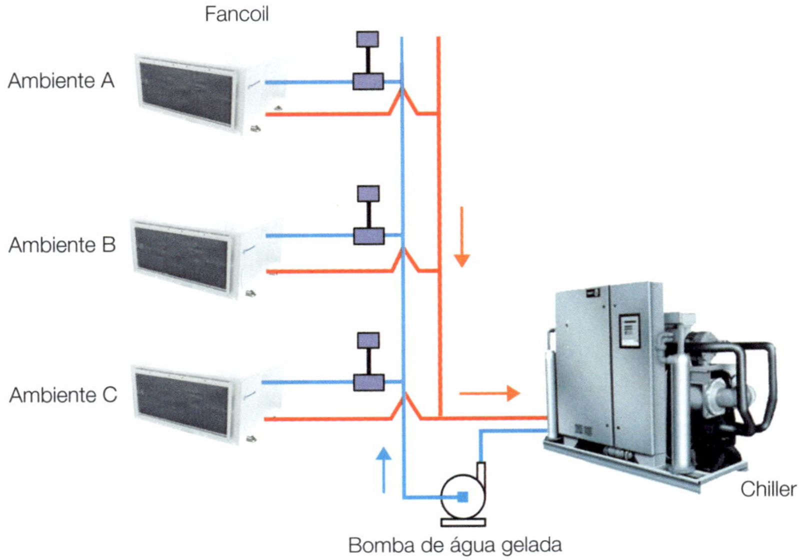

Figura 3.6. Esquema de funcionamento chiller com fancoils

Essa técnica funciona em duas etapas. A primeira, chamada de *circuito de refrigeração*, é basicamente um condensador de grandes proporções.

O equipamento que faz esse trabalho duplo – sopra ar no condensador, contendo fluido refrigerante, e troca calor com uma tubulação de água, que vai circular pelos ambientes – é o que chamamos de chiller (refrigerador).

Já os equipamentos que recebem a água gelada, pelos quais ventila o ar para condicionar o ambiente, não chamamos de evaporador, mas de fancoil (*fan* de ventilador, *coil* de serpentina). Existem algumas outras denominações usadas no mercado (fancolete, split hidrônico ou climatizador), mas que, no final das contas, são variações do conceito do fancoil.

Em aplicações do dia a dia, como em prédios comerciais, fábricas e escritórios, praticamente não há limites para a quantidade de fancoils que podem ser abastecidos por um único chiller, para as distâncias entre os equipamentos ou para as cargas térmicas que precisam ser controladas. Projetos bem executados oferecem soluções para quase todas as necessidades.

A figura 3.7 apresenta o esquema detalhado do processo, mostrando claramente a troca de calor entre o circuito contendo fluido refrigerante e o circuito com água. É importante frisar que os chillers citados são chamados de "com condensação a ar".

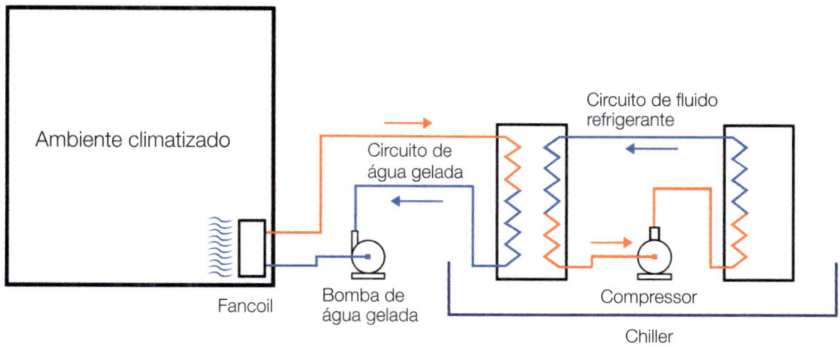

Figura 3.7. Esquema do funcionamento entre chiller e fancoil

Avançamos muito na jornada do entendimento dos principais sistemas construtivos comumente usados nas instalações para climatização e condicionamento de ar em nosso dia a dia.

Vamos falar agora sobre uma solução técnica que veio atender a dificuldades encontradas na implantação dos sistemas que descrevemos, considerando a condensação dos sistemas.

No sistema descrito no início do capítulo 2, a figura esquemática mostrou a importância do condensador na cadeia do ciclo frigorígeno ao usar o ar do ambiente externo como elemento de troca de calor.

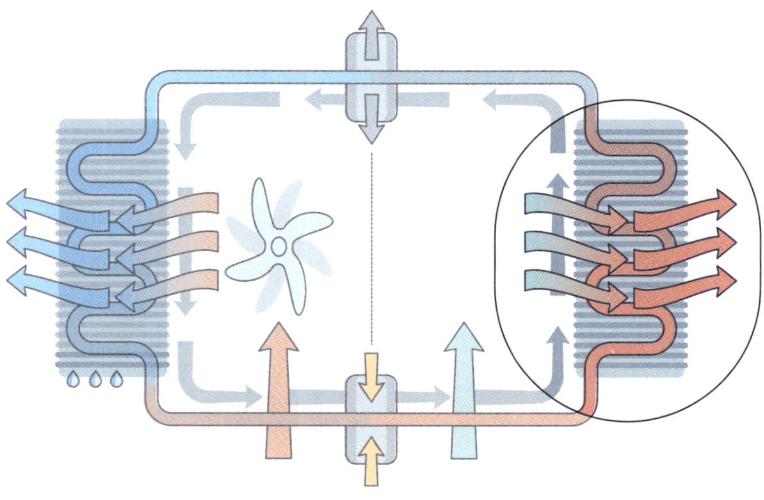

Figura 3.8. Ciclo frigorígeno, com destaque para o condensador

Com o passar do tempo, principalmente a partir do momento em que a demanda por equipamentos de grandes dimensões aumentou, ter um sistema para a troca de calor usando apenas o ar do ambiente externo se tornou um desafio. Visando à solução desse problema, surgiu um novo conceito especificamente para essa parte do processo, chamado de *condensação a água*.

Sistemas de condensação a água e as torres de condensação

Conforme tratamos anteriormente, o condensador usa o ar a uma temperatura ambiente para diminuir a temperatura do fluido refrigerante no interior do circuito frigorígeno. Esse fluido refrigerante, a uma menor temperatura, segue percorrendo os demais componentes do sistema.

Você pode imaginar que, quanto maior for a capacidade do aparelho, maior precisa ser a área de troca. Além disso, dependendo dos aspectos construtivos no entorno – um ambiente com paredes muito próximas ou sem ventilação adequada –, a troca também pode ser prejudicada. Foi pensando em circunstâncias com essas características que surgiram os sistemas de condensação a água.

No chiller com condensação a ar citado anteriormente, a água entra em contato com o fluido refrigerante no trocador de calor para ser resfriada e, então, permite que essa água mais gelada faça a troca com os ambientes. No entanto, nos equipamentos com condensação a água, quem resfria o fluido refrigerante para ele voltar a trocar calor com a água não é mais o ar gerado por um ventilador, mas outra tubulação de água, uma tubulação de água condensada.

As torres de condensação fazem com que essa água perca calor antes de voltar ao processo. Seu princípio de operação é muito simples. A água de condensação, ao chegar ao topo da torre, é despejada pelos diversos orifícios, os aspersores, que fazem com que uma massa única do fluido seja dividida em várias gotículas. Essas gotículas, então, são conduzidas pelo ar soprado por potentes ventiladores – igual ao processo de condensação tradicional –, fazendo com que ocorra a troca eficiente de calor entre a água e o ar ambiente.

Essa água, então, a uma temperatura mais baixa, retorna ao sistema para trocar calor com o fluido refrigerante, localizado no interior do chiller, que, por sua vez, trocará calor com o sistema de água gelada (figuras 3.9 e 3.10).

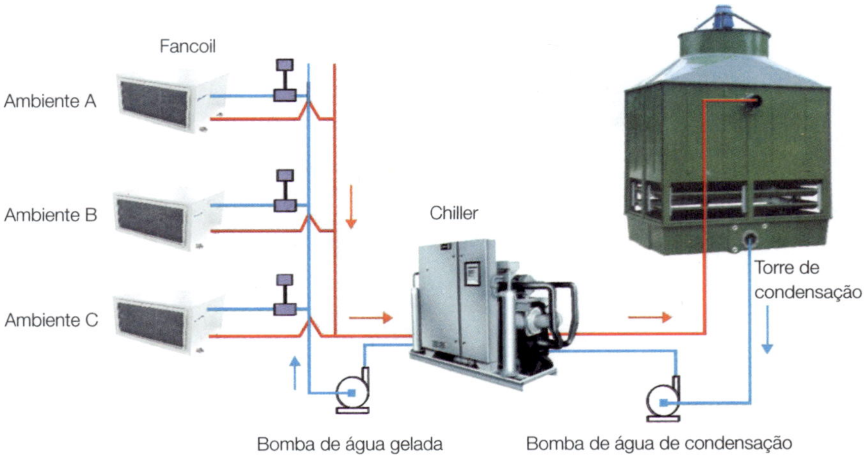

Figura 3.9. Visão geral da instalação de chiller, fancoil e torre de condensação

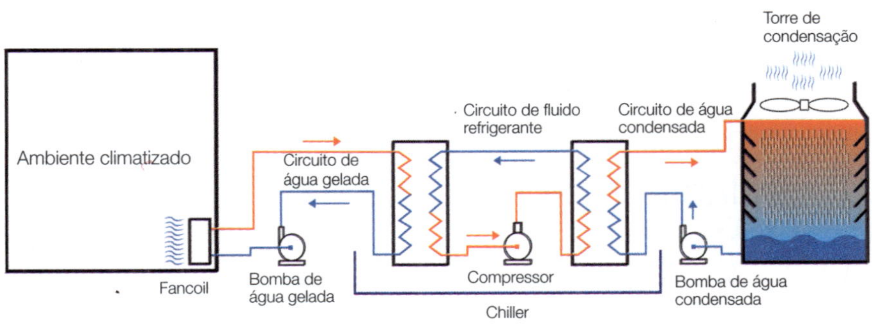

Figura 3.10. Visão esquemática da instalação de chiller, fancoil e torre de condensação

Sistemas de condensação a água são usados primariamente em chillers. No entanto, em alguns casos, eles podem também ser usados em conjunto com equipamentos tipo self-contained – os independentes –, os famosos selfs à água.

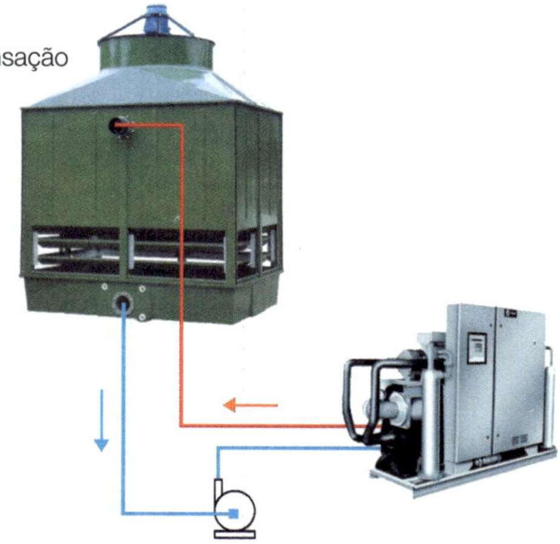

Figura 3.11. Ligação esquemática entre torre de condensação e self-contained

Com os elementos descritos, já conhecemos um pouco melhor o princípio de funcionamento de sistemas construtivos de climatização e condicionamento de ar da grande maioria das instalações. Vamos tratar, a seguir, de alguns elementos específicos que podem ser encontrados em determinadas situações.

Controladores de umidade

Até agora, nestes capítulos iniciais, falamos sobre os pilares que definem o conceito de condicionamento de ar e as diferenças de sistemas de climatização. Agora, vamos abordar com mais detalhes um desses pilares, que cumpre um papel muito importante em algumas aplicações específicas: sistemas de controle de umidade.

Os sistemas de climatização e condicionamento de ar interferem na umidade de um ambiente interno pelo princípio intrínseco ao seu funcionamento. Vamos a um exemplo prático: pegue uma lata de refrigerante de uma geladeira ou *freezer* e deixe-a exposta ao ar ambiente. Essa lata começa a "suar"– isso acontece porque no ar que circula ao redor dessa lata há gotículas de vapor em suspensão que, ao entrarem em contato com a superfície fria do alumínio, condensam. Essa água que estava no estado de vapor se transformou em água no estado líquido. Se fosse possível medir a umidade dessa mistura de ar, imediatamente no entorno da lata, ela estaria menor do que a do resto do ambiente – porque essa condensação *removeu* umidade da mistura.

Voltemos para o sistema de condicionamento de ar. A mistura de ar do ambiente, ao entrar em contato com a serpentina do evaporador, passa por processo semelhante. Essa serpentina é formada de liga metálica – alumínio ou cobre –, por onde circula ou um fluido refrigerante ou água gelada – a uma temperatura muito baixa. As gotículas de vapor presentes no ar do ambiente, ao entrarem em contato com a serpentina, se condensam, fazendo com que esse ar, ao voltar para o ambiente, esteja menos úmido. Se esse processo for repetido de maneira contínua, as pessoas perceberão um ambiente cada vez mais seco.

Quem já dormiu em quarto de hotel, ou mesmo em alguma casa, com um aparelho de climatização ligado a noite toda, deve ter percebido o ressecamento de lábios e mucosas ao amanhecer. Isso é consequência do processo contínuo de condensação.

Nas instalações comuns, a correção da umidade é realizada pela tomada de ar externo – elemento de que falaremos muito nos próximos capítulos. Ao admitir ar de um ambiente externo, exposto à umidade natural de uma cidade ou região, essa mistura acaba, na imensa maioria das vezes, regulando a umidade total do ambiente em níveis bastante confortáveis para seus usuários. Mas existem casos específicos em que essa mistura "natural" não é suficiente, seja porque as condições do ar externo são muito severas – úmidas demais ou secas demais –, seja porque o processo que se precisa controlar é muito específico. Locais como galerias de arte, centrais de arquivos e em que há diversos tipos de equipamentos médicos – como ressonâncias ou tomógrafos – precisam estar em ambientes cujos níveis de umidade são muito específicos, caso contrário há o risco de danificar seus componentes ou materiais.

A *Mona Lisa*, famosa pintura de Leonardo da Vinci, localizada no Museu do Louvre, em Paris, está mantida sob uma temperatura constante de 21 °C e umidade de 50%. Tamanha precisão só é possível por meio da atuação de um sistema de controle de umidade.

Assim como temos os termostatos para controle de temperatura, existem os umidostatos, que servem para controlar a umidade de um determinado ambiente.

Vamos começar imaginando que você precise *aumentar* a umidade de determinada mistura. Pois bem, pode-se desde optar por aumentar a renovação do ar com o ambiente externo – admitindo ar mais úmido na mistura, se as condições forem favoráveis – até gerar umidade artificialmente dentro do processo de condicionamento de ar.

A maneira mais fácil de gerar essa umidade é pela adição de vapor d'água na própria mistura de ar. Muitos sistemas de umidificação funcionam por meio de uma resistência de aquecimento – parecida com as de torradeiras, por exemplo – imersa em um recipiente com água. Se o umidostato indicar que a umidade está baixa, ele aciona a resistência, que faz com que a água aqueça e se transforme em vapor. Esse vapor, na sequência, é adicionado à mistura do ar, tornando-o mais úmido. Tudo muito simples.

Se quisermos o efeito contrário, o de remover umidade do ambiente, apenas reduzir a quantidade de ar externo que entra no sistema – o efeito contrário da primeira linha de ação do processo de umidificação – pode colocar em risco outros elementos de qualidade de ar. O procedimento comumente adotado, então, é *acelerar* o processo de condensação da água.

Em casos em que apenas a condensação normal do sistema não é suficiente para tirar a umidade até os níveis requeridos, pode-se projetar um equipamento cuja área de contato da mistura de ar com as placas frias da serpentina seja maior. Mais ar em contato com mais superfície fria gera mais água condensada, portanto, menos umidade no ambiente. Esse "aumento" de área de contato pode, inclusive, ser modulado e ajustado de acordo com a necessidade em cada momento. Tudo bastante simples e prático, para que tenhamos sob controle mais esse importante elemento dos pilares fundamentais do condicionamento de ar.

Estamos chegando ao final deste capítulo sobre a construção dos principais elementos presentes nas instalações de climatização e ar condicionado. Antes de concluir, vamos falar de duas siglas que tem se tornado cada vez mais populares nesses equipamentos: VAV e VRF.

Volume de ar variável (VAV) e fluxo de refrigerante variável (VRF)

Vamos voltar aos equipamentos tipo self-contained e roof top, dos quais falamos anteriormente. Uma das características apresentadas para classificar equipamentos nessas nomenclaturas mercadológicas é o fato de a distribuição do ar ser realizada por dutos.

Quando se faz um projeto de climatização ou condicionamento de ar, leva-se em consideração as cargas térmicas diversas do ambiente (pessoas, equipamentos, incidência solar, ou seja, tudo que gera calor), e a distribuição de ar é feita de maneira a “combater” esse calor em todos os ambientes.

Nos equipamentos mais antigos, o ar mais frio é distribuído em todos os ambientes cobertos, e a leitura do termostato é feita a partir da mistura do ar que retorna desses mesmos ambientes. A máquina fica ligada ou desligada, condicionando ou climatizando o ar de todos os locais que ela atende, não só de um departamento. Quando, por exemplo, apenas um departamento trabalha em determinado dia, o equipamento só vai parar de funcionar quando toda a massa de ar da área por ele atendida estiver dentro da temperatura definida no termostato. O gasto de energia para realizar isso é desproporcionalmente alto, se considerarmos que, na realidade, apenas um setor é que tinha essa necessidade. Para que esse controle seja individualizado, a tecnologia de sistemas de climatização e condicionamento de ar desenvolveu as chamadas caixas de volume de ar variável, ou caixas VAV, ou simplesmente VAVs.

De forma muito simples, as VAVs controlam o fluxo de ar, instalado em cada ambiente, como caixas de passagem. Essas caixas são controladas por termostatos presentes em cada um dos ambientes. Assim, se o ar local está mais quente, essa caixa deixa passar mais ar frio; se está mais frio, deixa passar menos ar.

No dia em que apenas um departamento está trabalhando, os demais ambientes não vão “pedir” mais ar frio. A massa de ar a ser refrigerada, que antes vinha de todos os locais atendidos pela instalação, passará a ser apenas do ambiente em uso. E, assim, o compressor precisará trabalhar muito menos, já que vai entender “mais rapidamente” que a temperatura já chegou no seu ideal.

O conceito por trás é um pouco mais complexo que isso, pois VAVs trabalham também com aspectos de pressão estática e dinâmica no seu funcionamento. Há variantes desse sistema que permitem a introdução de ventiladores de recirculação e até resistências de aquecimento, de maneira a ser possível aquecer um ambiente enquanto todo o resto do edifício está sendo resfriado. No entanto, para efeito de entendimento, essa imagem da separação e controle individual de fluxos de ar é suficiente.

Sistemas projetados de maneira adequada com o uso de VAVs podem apresentar muitas vantagens na redução de custos de operação e até de manutenção de sistemas.

Já o fluxo de refrigerante variável (VRF, sigla de v*ariable refrigerante flow*) refere-se à introdução de inteligência no processo realizado pelos sistemas tipo multisplit, em que uma mesma unidade condensadora pode atender a várias unidades evaporadoras por meio da circulação direta do gás refrigerante.

Em uma analogia construtiva muito similar ao das VAVs, nesses sistemas, cada unidade evaporadora tem uma válvula de expansão eletrônica que ajusta a quantidade de fluido que passa por sua serpentina. Em vez de todo o fluido passar por todos os ambientes, só vai passar por onde precisa.

Com isso, é necessário menos capacidade de compressão para resfriar menos fluido. Ou seja, menos energia, menos desgaste dos componentes, menos custos de manutenção.

Da mesma forma como no caso das VAVs, entender as vantagens e benefícios de potencial adoção de um sistema VRF pode trazer enormes economias para a operação de um negócio.

CAPÍTULO 4

Comissionamento

Agora que já conhecemos o funcionamento dos principais sistemas de climatização e condicionamento de ar, vamos falar sobre comissionamento, seus conceitos e sua importância.

Antes de mais nada, vamos compreender algumas falhas de entendimento sobre a ação de comissionamento. Não raro, ele é entendido como a ação de "checar se a instalação foi feita de acordo com o projeto", o que não é incorreto, mas está incompleto.

O comissionamento atua em três dimensões claras e complementares: critério de *performance*, medição de base dessa *performance* e sua evolução ao longo do tempo.

Critério de *performance*

Uma parte importante de qualquer projeto de sistema de climatização e condicionamento de ar é definida em seus estágios iniciais: o tipo de eficiência que se espera da instalação. Para tornar isso mais claro, vamos traçar um paralelo com um assunto bastante familiar a uma boa parcela da população: veículos.

Imagine que uma pessoa vai comprar um carro novo. Quais critérios de *performance* são considerados importantes na hora de decidir qual modelo é o melhor? Dependendo do gosto ou objetivo do futuro proprietário do veículo, alguns critérios podem ser:

- consumo de combustível, na estrada e na cidade, em quilômetros por litro;

- torque;
- tempo de aceleração de 0 km/h a 100 km/h.

Esses parâmetros pesam na tomada de decisão. Um carro que consome muito combustível pode ser preterido, ainda que seu critério de aceleração, por exemplo, seja espetacular.

Nos sistemas de climatização e condicionamento de ar, isso não é – ou não deveria ser – diferente. Um dos critérios de *performance* mais importantes, quando pensamos na eficiência, tem a ver com o consumo energético de um projeto, pois a eficiência energética de um sistema de climatização ou condicionamento de ar se dá pela relação entre o consumo de energia e a quantidade de calor gerado – ou retirado – dos ambientes durante a operação.

Essa análise é feita considerando três parâmetros que colocam todas as marcas dos equipamentos disponíveis, seus fabricantes e tipos de solução em uma base única, rastreável e, principalmente, comparável: coeficiente de *performance* (COP), taxa de eficiência energética (EER) e taxa de eficiência energética sazonal (Seer).

Coeficiente de *performance* (COP)

O coeficiente de *performance* (COP), ou de desempenho, é a razão entre o calor retirado do ambiente e a energia consumida para a realização dessa tarefa. Ele é analisado segundo a Ashrae 90.1, norma norte-americana que estabelece requisitos mínimos para eficiência energética em edificações, considerando as condições de resfriamento. Aqui, pode-se considerar a eficiência de apenas parte do sistema – como a do chiller – ou de toda a instalação (chillers, bombas, torre e fancoils). O importante é definir claramente essa base e mantê-la desde as fases iniciais de elaboração do projeto até a fase de operação, manutenção e recomissionamento (falaremos sobre essas etapas mais adiante). Nesse caso, quanto maior o COP, mais eficiente é o sistema.

Taxa de eficiência energética (EER)

A taxa de eficiência energética, ou EER (sigla em inglês de *energy efficiency ratio*), é a razão entre a capacidade de resfriamento em BTU/h e a energia consumida em watts. Da mesma forma que o COP, quanto mais alto o EER, maior é a eficiência do equipamento.

COP e EER basicamente analisam os mesmos elementos, porém, o COP é mais utilizado para sistemas de aquecimento, enquanto o EER, para sistemas de resfriamento. A tabela 4.1 apresenta as taxas de eficiência dos dois indicadores.

Tabela 4.1. Comparação de eficiência entre COP e EER

	EER		COP
A	EER > 3,20	A	COP > 3,60
B	3,20 ≥ EER > 3.00	B	3,60 ≥ COP > 3,40
C	3,00 ≥ EER > 2,80	C	3,40 ≥ COP > 3,20
D	2,80 ≥ EER > 2,60	D	3,20 ≥ COP > 2,80
E	2,60 ≥ EER > 2,40	E	2,80 ≥ COP > 2,60
F	2,40 ≥ EER > 2,20	F	2,60 ≥ COP > 2,40
G	2,20 ≥ EER	G	2,40 ≥ COP

Taxa de eficiência energética sazonal (Seer)

A norma Ashrae 90.1 também faz referência a um outro termo – menos utilizado – que analisa a eficiência do sistema nas mesmas bases de calor gerado ou removido por energia consumida, porém, considerando um intervalo maior de tempo. Trata-se da taxa de eficiência energética sazonal, ou Seer (em inglês, *seasonal energy efficiency ratio*).

Voltando para a analogia do veículo. Quando a ficha técnica do automóvel mostra o consumo de combustível na estrada ou nas vias urbanas, esse cálculo é realizado em condições predefinidas, para que os critérios de comparação sejam similares a todos.

Mas sabemos que, no dia a dia, há variações, pois as condições não necessariamente são as mesmas das bases do teste. Imagine-se preso por duas horas em um congestionamento, com o ar-condicionado ligado. O consumo será muito maior. Para sistemas de condicionamento de ar e climatização, usa-se o mesmo raciocínio. O COP e o EER são calculados em condições predefinidas, e o cálculo do Seer mede, durante um ano, o desempenho do sistema de resfriamento ou aquecimento, considerando todas as variações possíveis e imagináveis daquele ambiente ou condição, e, depois, apresenta uma média geral de eficiência energética.

Medida de base da *performance*

Agora que já conhecemos o critério de *performance*, é preciso definir sua medida de base, ou o seu *baseline*. Essa medida deve servir, inclusive, de referência para as empresas de projeto no momento de escolher os sistemas, dispositivos e equipamentos que serão usados em determinada instalação. Seguindo a analogia do veículo, é como definir que a nova aquisição deve ter *performance* mínima de 12 km rodados por litro de combustível consumido. A provocação que trazemos aqui é que o *baseline* deve se tornar a causa do processo, e não a consequência.

Projetos mais eficientes não necessariamente tendem a ser um pouco mais caros, e, mesmo que sejam, são clássicas e conhecidas as relações que mostram que, ao longo do ciclo de vida de uma edificação, considerando um período de cinquenta anos, a construção de um empreendimento custa apenas 20% do custo total de sua operação, sendo os outros 80% referentes a operação e manutenção.

Ora, por mais "caro" que seja um sistema mais eficiente, é ele que vai determinar os custos de operação pelas próximas cinco décadas, e esses valores são cerca de quatro vezes maiores do que o custo da obra. Assim, pensar em menores custos operacionais, ainda que pontualmente gerem custos de instalação mais altos, tende a fazer sentido, uma vez que seu *baseline* será menor.

Evolução da *performance* ao longo do tempo – recomissionamento

Já entendemos o que medir e como determinar o desempenho quando a instalação é planejada. Agora é preciso realizar o acompanhamento da sua *performance* ao longo do tempo – e repito para fixar: ao longo do tempo.

Isso significa que o comissionamento precisa não só ser feito assim que uma instalação é entregue, para saber se os parâmetros de obra conferem com os de projeto, mas também deve ocorrer em intervalos regulares.

As dinâmicas do dia a dia de um empreendimento, incluindo seus programas de manutenção, podem afetar o desempenho dos sistemas como um todo. Mais uma vez, vamos recorrer ao exemplo do carro. Se os pneus estiverem fora da calibração ideal, se a qualidade da gasolina for duvidosa, se os filtros de ar do motor estiverem obstruídos ou, até mesmo, se a forma como o automóvel é conduzido tiver acelerações e frenagens muito bruscas, isso vai afetar, por exemplo, a quantidade de combustível consumida.

Realizar esse monitoramento continuamente é a melhor maneira de identificar falhas na operação e manutenção do veículo. Isso também vale para sistemas de ar condicionado.

Portanto, comissionamento não é uma ferramenta apenas de validação de projeto *versus* instalação. É um dado crucial para o acompanhamento da qualidade e da eficácia dos sistemas, sua operação e manutenção ao longo de toda a sua vida útil.

CAPÍTULO 5

Normas e regulamentação no Brasil

Existem diversas normas e regulamentações no país que tratam de sistemas de climatização e condicionamento de ar. Neste capítulo, vamos apresentar, pelo menos, as que você deve conhecer para um melhor entendimento do tema, além daquelas que merecem atenção especial para começar a navegar por esse universo tão vasto.

A Associação Brasileira de Normas Técnicas (ABNT) possui um comitê específico para cuidar do assunto, o CB-055. Ele é a maior fonte de informação para quem quer conhecer mais profundamente todo o material disponível sobre os equipamentos e elementos que envolvem o trabalho do facility manager.

Apesar de haver muito conteúdo sendo produzido o tempo todo, apresentamos a seguir uma lista das principais normas e regulamentações:

- Decreto nº 99.280, de 6 junho de 1990: promulgação da Convenção de Viena, para a proteção da camada de ozônio, e do Protocolo de Montreal, sobre substâncias que destroem a camada de ozônio.
- Diretrizes Ashrae: normas definidas pela American Society of Heating, Refrigerating and Air-Conditioning Engineers (Sociedade Americana de engenheiros de aquecimento, refrigeração e ar condicionado).
- Diretrizes Rheva: normas definidas pela Federation of European Heating, Ventilation and Air Conditioning Associations (Federação das associações europeias de aquecimento, ventilação e ar condicionado).

- Instrução normativa Ibama nº 37, de 29 junho de 2004: sobre camada de ozônio, considerando a Convenção de Viena, o Programa Brasileiro de Eliminação de Produção e do Consumo das Substâncias que Destroem a Camada de Ozônio (PBCO), o Plano Nacional de Eliminação de CFC, etc.
- Lei nº 13.589, de 4 janeiro de 2018: manutenção de instalações e equipamentos de sistemas de climatização de ambientes.
- NBR 7541, de junho de 2004: tubo de cobre sem costura para refrigeração e ar-condicionado.
- NBR 16401, de agosto de 2008: instalações de ar-condicionado, sistemas centrais e unitários.
- NBR 14679, de junho de 2012: sistemas de condicionamento de ar e ventilação.
- NBR 13971, de janeiro de 2014: sistemas de refrigeração, condicionamento de ar e ventilação.
- NBR 10152, de novembro de 2017: acústica – níveis de pressão sonora em ambientes internos a edificações.
- NBR 16655, de fevereiro de 2018: instalação de sistemas residenciais de ar-condicionado, split e compacto.
- NBR 16069, de abril de 2018: segurança em sistemas frigoríficos.
- NBR 13598, de abril de 2018: vasos de pressão para refrigeração.
- NBR 15833, de dezembro de 2018: manufatura reversa de aparelhos para refrigeração.
- NBR 11726, de fevereiro de 2019: espuma rígida de poliuretano para fins de isolação térmica.
- NBR 10151, de maio de 2019: acústica, medição e avaliação de níveis de pressão sonora em áreas habitadas, aplicação de uso geral.
- NBR 14518, de maio de 2020: sistemas de ventilação para cozinhas profissionais.
- NBR 15960, de junho de 2021: fluidos frigoríficos – recolhimento, reciclagem e regeneração (3R); procedimento.

- NBR 15569, de junho de 2021: sistema de aquecimento solar de água em circuito direto.
- NBR 7256, de agosto de 2021: tratamento de ar em estabelecimentos assistenciais de saúde (EAS).
- NBR 15747, de março de 2022: sistemas solares térmicos e seus componentes.
- NBR 16101, de outubro de 2023: filtros para partículas em suspensão no ar – determinação da eficiência para filtros grossos, médios e finos.
- NBR 5020, de dezembro de 2023: tubo de cobre sem costura – requisitos gerais.
- NBR ISO 16890, de outubro de 2018: filtros de ar para ventilação em geral.
- NBR ISO 23953, de agosto de 2019: expositores refrigerados.
- NBR ISO 29463, de novembro de 2021: filtros e meios filtrantes de alta eficiência para remoção de partículas no ar.
- Portaria interministerial nº 364, de 24 dezembro de 2007: regulamentação específica para definir os índices mínimos de eficiência energética de condicionadores de ar.
- Portaria Ministério da Saúde nº 3.523, de 28 agosto de 1998: regulamento técnico para garantir a qualidade do ar de interiores e prevenção de riscos à saúde dos ocupantes de ambientes climatizados.
- Resolução Conama nº 491, de 19 novembro de 2018: padrões de qualidade do ar.
- Resolução Conama nº 267, de 14 setembro de 2000: proibição da utilização de substâncias que destroem a camada de ozônio.
- Resolução-RE nº 9, Anvisa, de 16 janeiro de 2003: padrões referenciais de qualidade do ar interior.

Neste tópico, vamos apresentar o básico do básico em termos de legislação, normativas e referências para sistemas de climatização e ar condicionado. É como se fossem os primeiros passos sobre aquilo que precisa estar ao alcance de todo gestor que trabalha na área. Vamos falar de cinco documentos mais detalhadamente, são eles:

- NBR 16401.
- Portaria Ministério da Saúde nº 3.523.
- Resolução-RE nº 9.
- NBR ISO 16890.
- Lei nº 13.589.

NBR 16401: instalações de ar-condicionado, sistemas centrais e unitários

Em 1976, uma conferência de veteranos de guerra em um hotel na cidade da Filadélfia, Estados Unidos, terminou com um surto de uma forma atípica de pneumonia, que atingiu quase 200 dos participantes do evento, causando 29 mortes. Não era a primeira vez na história que se noticiavam epidemias originadas pela *Legionella pneumophila*, mas foi a partir desse evento que se iniciaram os estudos sobre a síndrome dos edifícios doentes e maneiras de combatê-la.

No Brasil, em 1980, foi publicada a NBR 6401, que determina os parâmetros básicos de projeto de instalações centrais de ar-condicionado para conforto, a qual estabeleceu, pela primeira vez, critérios técnicos para temperaturas de conforto, taxas de renovação de ar, níveis de ruído permissíveis e recomendações para aplicação de filtragens de ar em ambientes diversos.

Foi um avanço e tanto para o mercado, que passou a ter uma normativa única sobre o tema. Esse documento ficou ativo por quase trinta anos. Em 2008, ele foi descontinuado, dando lugar à NBR 16401, que trata de sistemas centrais e unitários de instalações de ar-condicionado, dividida em três partes:

- Parte 1: projeto de instalações.
- Parte 2: parâmetros de conforto térmico.
- Parte 3: qualidade de ar interior.

Vamos, nos tópicos seguintes, aos aspectos mais relevantes de cada uma.

Nota: em 2025, ano de publicação deste livro, essa norma está sendo revisada. É importante sempre verificar se esta ou qualquer outra regulamentação foram atualizadas. Para mais informações, consulte o CB-55 da ABNT.

Projeto de instalações

A parte 1 da NBR 16401 aborda aspectos gerais e de projetos, e dá dicas importantes sobre os conceitos utilizados no planejamento de um sistema de condicionamento de ar.

Temos, por exemplo, as bases de referência climática de temperatura e umidade seccionadas por região geográfica do Brasil. O seu anexo A apresenta informações estatísticas sobre as temperaturas médias externas de cada uma das regiões do país, bem como quais seriam as temperaturas para criar condições de conforto nos mais diversos ambientes e localidades.

Um primeiro ponto interessante: os dados foram coletados a partir da localização de aeroportos das capitais e de algumas cidades-chave do país. No total, são 34 pontos de referência. Cabe, porém, um olhar apurado por parte do responsável pelo projeto sobre essas condições. Às vezes, a combinação de fatores – como relevo, presença de corpos de água ou altitude – pode apresentar distorções significativas nos parâmetros, fazendo com que seja necessário ajustá-los para estabelecer uma condição de conforto adequada.

O Rio de Janeiro, por exemplo, tem dois pontos na tabela referencial, os aeroportos de Santos Dumont e do Galeão. A referência máxima no Santos Dumont é de 34 °C, enquanto no Galeão é de 38,1 °C. Uma diferença muito significativa para localidades que estão menos de 20 quilômetros distantes uma da outra.

Outro ponto a se observar, que interfere diretamente nos custos de manutenção e operação, é exposto na tabela 4 do item 12 dessa norma.

Em sistemas à água, o documento estabelece a quantidade máxima de horas recomendada de funcionamento das bombas em função da velocidade de circulação, a fim de evitar a erosão. Quanto maior a velocidade, menos horas devem permanecer ligadas, o que resultará na necessidade de ter mais bombas funcionando ou, no pior dos casos, uma condição de quebra mais acentuada em comparação a instalações mais bem dimensionadas.

Os anexos A, B e C, de caráter informativo, detalham aspectos das fontes internas de calor, em relação a pessoas, elementos de iluminação, equipamentos, etc. Essa informação é particularmente relevante para as alterações de *layout* ou de ocupação de espaços. Dependendo da mudança do uso de determinado ambiente, o sistema de ar condicionado pode se tornar super ou subdimensionado.

Parâmetros de conforto térmico

A segunda parte da norma trata dos parâmetros de conforto térmico dos ambientes internos. O documento consolida percepções que podem parecer óbvias, mas que, no dia a dia, acabam passando despercebidas. Os fatores que afetam o conforto térmico são:

- Temperatura operativa.
- Velocidade do ar.
- Umidade relativa do ar.
- Tipo de roupa dos usuários do ambiente.
- Nível de atividade física realizada no ambiente.

O documento também apresenta uma importante informação a respeito das condições preestabelecidas para o conforto humano, porém, com um adicional: ela tem vinculação com a roupa usada pelas pessoas. No verão, os parâmetros sugeridos de conforto indicam temperaturas entre 22,5 °C e 25,5 °C para uma umidade relativa de 65%, e entre 23 °C e 26 °C para uma umidade de 30%, com velocidades variando de 0,20 m/s a 0,25 m/s, considerando uma roupa típica da estação, em um público médio em termos de idade, condição física e metabolismo. Para encurtar a discussão, é o tal do parâmetro *clo* que temos na norma. No verão, essas condições de projeto consideram um *clo* de 0,5.

Já no inverno, considera-se um *clo* de 0,9. A partir daí, as temperaturas de conforto variam entre 21 °C e 23,5 °C para umidade relativa de 60%, e entre 21,5 °C e 24 °C para umidade de 30%, em velocidades de 0,15 m/s a 0,20 m/s.

Em outras palavras, o perfil do público que frequenta o ambiente a ser climatizado tem papel importante nos dados a serem considerados nos projetos de desempenho dos equipamentos da instalação.

Qualidade de ar interior

Por fim, a parte 3 é a mais importante da NBR 16401, sob o ponto de vista de saúde das edificações, e tem relação direta com a Resolução RE nº 9, da Anvisa, e a Portaria nº 3.523, de 28 agosto de 1998, do Ministério da Saúde.

Conforme comentado anteriormente, essa norma está em processo de revisão e sua terceira parte deve receber importantes alterações, principalmente com relação aos aspectos de classificação de filtros, determinada com base na literatura consolidada sobre a mudança no formato dos testes, tema que discutiremos mais à frente, quando tratarmos sobre a NBR 16890.

Considerando a NBR 16401, publicada em agosto de 2008, o documento busca definir:

- As vazões de ar exterior para ventilação.
- Níveis mínimos de filtragem de ar.
- Demais requisitos relacionados à qualidade de ar interior.

As vazões estabelecidas consideram o tipo de ocupação de cada ambiente, bem como o perfil de concentração de pessoas. Para cada situação, há informações a respeito de condições mínimas e máximas, seguindo a fonte de referência da norma Ansi/Ashrae 62:1:2004, que traz evidências sobre redução nas reclamações, por parte dos ocupantes, com relação a manifestações alérgicas. A diferença de vazão entre esses níveis é da ordem de 50% para a grande maioria das condições, portanto, relevante o suficiente para ser analisada e potencialmente considerada nos projetos de instalações.

Temos também, na parte 3, a tabela de classificação de filtros, com base nos ensaios da norma europeia EN779, que trata do desempenho da filtragem.

As eficiências mostradas foram obtidas por meio de testes com partículas de 0,4 μm, e seus níveis foram determinados conforme é apresentado na tabela 5.1.

Tabela 5.1. Classes de filtragem

CLASSE DE FILTRO	RETENÇÃO MÉDIA (RM) (%)	EFICIÊNCIA MÉDIA (EM) (%)	EFICIÊNCIA MÍNIMA, COM TRATAMENTO IPA (%)
G1	50 ≤ Rm < 65	-	-
G2	65 ≤ Rm < 80	-	-
G3	80 ≤ Rm < 90	-	-
G4	90 ≤ Rm	-	-
M5	-	40 ≤ Em < 60	-
M6	-	60 ≤ Em < 80	-
F7	-	80 ≤ Em < 90	35
F8	-	90 ≤ Em < 95	55
F9	-	95 ≤ Em	70

O documento continua com o estabelecimento de padrões mínimos de filtragem tanto para a tomada de ar exterior quanto para os ambientes internos, seguido de importante contribuição sobre a distância em que as tomadas de ar exterior devem ficar de determinadas fontes poluentes, como ruas, estradas, depósitos de resíduos ou fumódromos. Ao lembrarmos que o ar externo é um componente vital para o tratamento do ar interior, garantir que ele seja obtido de maneira correta certamente aumenta a eficiência de todo o sistema.

Outro item interessante é o que aborda as condições de casas de máquina, no que se refere a espaços, previsão de caimento para áreas de lavagem e instalação de drenos com ralos sifonados, outro tema não raro negligenciado. Pela dinâmica do sistema, a instalação de ralos sem o fecho hídrico acarreta o retorno de mau cheiro pela tubulação, que acaba migrando para o ambiente climatizado, produzindo desconforto aos seus ocupantes.

O anexo B traz um importante indicador sobre concentrações de poluente nos ambientes, incluindo o ozônio, assunto que trataremos em um capítulo específico. Gostaríamos de chamar atenção também para uma informação sobre o anexo C, que fala da concentração de CO_2 no interior das edificações.

Qualquer discussão sobre análise de qualidade de ar interior aponta como parâmetro o limite de concentração de gás carbônico (CO_2) na ordem de 1.000 ppm (partes por milhão). No entanto, quando o mercado adotou esse indicador, um importante aspecto foi ignorado, o que leva muitas vezes a uma análise distorcida.

As pesquisas da época partiram de análises que consideraram que um ambiente interno qualquer – fábrica, escritório, etc. –, pela dinâmica e ocupação dos espaços – respiração humana, fontes de calor, etc. –, poderia produzir uma concentração de CO_2 na ordem de 700 ppm. Na mesma época, considerava-se que a mistura de ar dos ambientes externos tinha concentração "natural" de CO_2 na ordem de 300 ppm. Logo, atribuiu-se que o limite interior das edificações deveria ser os 300 ppm da mistura "natural" mais os 700 ppm produzidos pelas dinâmicas dos edifícios, ou seja, 1.000 ppm.

No entanto, na prática, percebe-se que as concentrações de CO_2 do ar externo variam, em boa parte dos casos, entre patamares de 400 ppm a 600 ppm, sobretudo nas grandes cidades. Para esses locais, discute-se se é aceitável uma concentração interna acima de 1.000 ppm, desde que a diferença não ultrapasse os 700 ppm em relação ao ar exterior. Assim, em um ambiente onde o ar externo tem 500 ppm, por exemplo, uma medição de ar interior de até 1.200 ppm poderia ser considerada aceitável.

Conhecer esse parâmetro é ferramenta importante para uma correta avaliação do ar interior de qualquer instalação.

Portaria nº 3.523, de 28 agosto de 1998, do Ministério da Saúde

Vimos anteriormente que, desde o início dos anos 1980, o Brasil já dispunha de uma legislação que tratava dos aspectos principais da qualidade de ar interior. Mas esse *jogo só começou a ser jogado* mais seriamente a partir de 1998.

No início daquele ano, o então ministro das Comunicações, Sérgio Motta, começou a apresentar problemas de saúde ligados ao sistema respiratório. Após análises dos dutos do sistema de condicionamento de ar do seu gabinete, constatou-se que apresentavam alta concentração de fungos e bactérias.

O quadro de saúde do ministro foi se agravando, e ele faleceu no final de abril de 1998. Na época, o ministro da Saúde, José Serra, decidiu regulamentar a manutenção e conservação de sistemas de ar condicionado. No dia 28 de agosto do mesmo ano, foi editada a Portaria nº 3.523, do gabinete do ministro da Saúde, aprovando o

> Regulamento Técnico contendo medidas básicas referentes aos procedimentos de verificação visual do estado de limpeza, remoção de sujidades por métodos físicos e manutenção do estado de integridade e eficiência de todos os componentes dos sistemas de climatização, para garantir a Qualidade do Ar de Interiores e prevenção de riscos à saúde dos ocupantes de ambientes climatizados (Brasil, 1998).

O regulamento formalizava a criação do plano de manutenção, operação e controle (PMOC) para sistemas de ar condicionado e tornava sua adoção obrigatória em todas as instalações com capacidade superior a 5 TRs ou 60 mil BTUs/h, exigindo inclusive a participação de um profissional técnico habilitado no processo, que passaria a ser responsável pelas ações de manutenção e conservação desses sistemas.

O PMOC, oficializado pela Portaria nº 3.523, corrobora as atividades mínimas a serem realizadas em cada tipo de componente do sistema de refrigeração e ar condicionado, reforçando também a importância da realização das atividades descritas na NBR 13971.

Mesmo sem um padrão de fiscalização e punição para possíveis não conformidades na sua adoção, o PMOC foi rápida e amplamente aceito pelo mercado, e seu anexo I acabou se tornando um formulário "padrão", muito usado por todos os tipos de organização, para documentar e controlar a manutenção dos equipamentos.

Resolução-RE nº 9, de 16 janeiro de 2003, da Anvisa

A Portaria nº 3.523 recebeu um importante reforço dois anos depois, quando, em 24 de outubro de 2000, foi editada a Resolução-RE nº 176, da Anvisa, que foi atualizada pela RE nº 9, em 16 de janeiro de 2003.

A RE nº 9 estabeleceu os padrões referenciais de qualidade de ar interior em ambientes climatizados e se tornou um dos aspectos centrais ao se fazer uma boa gestão de sistemas de refrigeração. Entre esses padrões, consta o valor máximo recomendável (VMR), que trata da contaminação microbiológica, que deve ser menor do que 750 UFC/m^3. Outro importante fator é que essa referência não pode ser medida de maneira isolada, devendo ser obtida em conjunto com a relação entre ar interior e ar exterior – o ar interior não pode ser mais de 1,5 vez mais contaminado do que o ar exterior.

O padrão também não aceita a presença de fungos patogênicos. Fungos patogênicos são aqueles que causam doenças, por exemplo, a salmonela e a *Escherichia coli*, que atacam o aparelho digestivo.

Na resolução também consta a recomendação sobre o limite de 1.000 ppm de concentração de CO_2, bem como repete, de maneira simplificada, os parâmetros de conforto para ambientes internos, definidos na parte 2 da NBR 16401.

Outro elemento simplificadamente expresso na resolução, que tem sido um bom guia para gestores de facility e de propriedades em geral, tem relação com as taxas de renovação de ar. O documento especifica que se deve garantir um volume mínimo de renovação de 17 m^3/pessoa/hora (público flutuante) e 27 m^3/pessoa/hora (população fixa).

Há aqui mais um ponto de atenção sobre um tema, que tinha propósito nobre na época em que foi publicada a RE – e que se consolidou no mercado –, mas se mostrou desatualizado depois. No item 3.5 do anexo técnico, recomenda-se a aplicação de filtros classe G1 para tomadas de ar externo e filtros G3 para o condicionador de ar em si. Durante anos, esse foi o padrão aceito e exigido pelo mercado.

Acontece que a NBR 16401, anexo 3, trouxe uma tabela mais completa e mais crítica – se assim puder ser chamada – dos aspectos mínimos de filtragem a serem adotados: todos eles estavam acima, via de regra, da combinação G1 e G3 mencionada na resolução. Entretanto, essa nova tabela, mesmo tendo mais de dez anos de existência, não é de conhecimento geral do público responsável por esses sistemas. Assim, há uma chance considerável de o nível de filtragem para os sistemas de ar condicionado e climatização de ar não estar atendendo aos parâmetros mínimos necessários para a saúde de seus usuários.

Seguindo no documento, temos mais um ponto importante de complementariedade em relação à Portaria nº 3.523: enquanto a portaria e a NBR 13971 estabelecem o que precisa ser feito, a RE nº 9 orienta frequências mínimas para intervir nos diversos componentes do sistema.

Quadro 5.1. Periodicidade indicada pela RE nº 9

COMPONENTE	PERIODICIDADE
Tomada de ar externo	Limpeza mensal ou, quando descartável, até sua obliteração (máximo 3 meses)
Unidades filtrantes	Limpeza mensal ou, quando descartável, até sua obliteração (máximo 3 meses)
Bandeja de condensado	Mensal*
Serpentina de resfriamento	Desencrustração semestral e limpeza trimestral
Serpentina de aquecimento	Desencrustração semestral e limpeza trimestral
Umidificador	Desencrustração semestral e limpeza trimestral
Ventilador	Semestral
Plenum de mistura/casa de máquinas	Mensal

* Executado na vigência de tratamento químico contínuo que passa a respeitar a periodicidade indicada pelo fabricante do produto utilizado.

A RE nº 9 é um dos primeiros documentos que estabelece não *o que* precisa ser feito, mas em que condições, ou *frequência*, precisa ser feito.

NBR ISO 16890

A NBR 16890, que substitui a referência do padrão europeu EN779, citado anteriormente, quanto aos aspectos de testagem para definição de *performance* de filtros, introduz um importante conceito para a ciência dos filtros de ar. Se antes os desempenhos eram definidos com base em uma partícula-padrão de 0,4 µm, o novo texto estabelece uma abordagem mais clínica sobre o tema.

A agência alemã para o meio ambiente emitiu um relatório em 2016 apontando que a poluição das partículas prejudica a saúde das pessoas. De 2007 a 2014, mais de 45 mil mortes prematuras foram atribuídas à concentração de poeira fina no ar respirado pelos cidadãos alemães. Diante dessa situação, definiu-se que os sistemas de tratamento de ar interior precisavam ser capazes de barrar essa poeira fina.

Os estudos apontaram que partículas de 10 µm podem entrar em áreas mais profundas dos tubos brônquicos pelas cavidades nasais. Partículas da ordem de 2,5 µm podem atingir brônquios e alvéolos, e partículas de 0,1 µm podem chegar à corrente sanguínea.

A norma 16890 definiu, em conformidade com as recomendações da Organização Mundial de Saúde (OMS) e das agências ambientais, o controle das *performances* de filtragem com relação não apenas a um indicador genérico de 0,4 µm, mas a três frações da poeira do ar exterior: PM10 (até 10 µm), PM2,5 (até 2,5 µm) e PM1 (até 1 µm).

Um elemento filtrante, para ser classificado em cada uma dessas categorias, precisa garantir a eficiência mínima de 50% para as partículas de determinada classe de tamanho.

Tabela 5.2. Classe filtrante

CLASSE DE FILTRO	EFICIÊNCIA	EXEMPLOS DE PARTÍCULAS
ISO ePM1	$ePM_1 \geq 50\%$	Vírus, nanopartículas, gases de exaustão
ISO ePM2,5	$ePM_{2,5} \geq 50\%$	Bactérias, esporos de fungos
ISO ePM10	$ePM_{10} \geq 50\%$	Pólen, poeira
ISO coarse	$ePM_{10} < 50\%$	Areia, cabelo

Como se percebe, é uma mudança muito importante na maneira de tratar, planejar, manter e operar o sistema de filtragem das instalações de ar-condicionado.

Lei nº 13.589, de 4 janeiro de 2018

Em 4 de janeiro de 2018, quase vinte anos depois da edição da primeira portaria do Ministério da Saúde, o PMOC tornou-se lei.

A Lei nº 13.589 é um documento simples, composto de cinco artigos apenas, e a parte mais relevante é o artigo 3, parágrafo único.

> Parágrafo único. Os padrões, valores, parâmetros, normas e procedimentos necessários à garantia da boa qualidade do ar interior, inclusive de temperatura, umidade, velocidade, taxa de renovação e grau de pureza, são os regulamentados pela Resolução nº 9, de 16 de janeiro de 2003, da Agência Nacional de Vigilância Sanitária - ANVISA, e posteriores alterações, assim como as normas técnicas da ABNT - Associação Brasileira de Normas Técnicas (Brasil, 1998a).

Ou seja, o documento "apenas" ratifica as questões já estabelecidas nos documentos anteriores, porém, por ter agora força de lei, adiciona outras esferas de responsabilidade aos proprietários e ocupantes das diversas instalações. Essa lei ficou popularmente conhecida como a Lei do PMOC.

No próximo capítulo, falaremos mais detalhadamente sobre os planos de manutenção em sistemas de climatização e condicionamento de ar.

CAPÍTULO 6

Planos de manutenção em sistemas de climatização e condicionamento de ar

Neste capítulo, vamos fazer uma abordagem sistêmica sobre rotinas e preceitos contemplados em um plano de manutenção de sistemas de climatização e condicionamento de ar, mas não sem antes fazer um importante esclarecimento sobre a terminologia que vamos utilizar.

Sempre que utilizarmos a nomenclatura PMOC, ou plano de manutenção, operação e controle, estaremos nos referindo às bases técnicas e legais determinadas pela RE nº 9 e a Lei nº 13.589.

Agora, vamos falar sobre aspectos mais gerais de operação e gestão de sistemas de climatização e condicionamento de ar, ou seja, vamos abordar temas que eventualmente não estão amarrados com a documentação citada anteriormente. Assim, para o conjunto dessas atividades, vamos nos referir apenas a *plano de manutenção*.

O que faremos é abordar alguns temas mais comumente encontrados nos planos de manutenção estabelecidos no mercado e, sob uma perspectiva prática – de campo –, discorrer sobre alguns componentes que, após anos sendo analisados, ora merecem uma atenção um pouco mais especial, ora podem ter um olhar mais flexível para as periodicidade ou as rotinas de trabalho estabelecidas; ou seja, aqui vou pura e simplesmente compartilhar experiências.

Aliás, essa não deve ser uma exclusividade desta obra. O gestor de facility, junto com o responsável técnico pelos sistemas de climatização e condicionamento de ar, tem a responsabilidade de analisar criticamente as rotinas, frequências e atividades previstas em suas instalações, adaptando-as às dinâmicas do ambiente ocupado sem perder de vista o rigor técnico inerente à atividade ao mesmo tempo que busca o equilíbrio financeiro da operação.

Farei uma analogia para ficar claro aonde quero chegar. Na instalação em que trabalha, você deve ter algum documento que descreve a rotina de manutenção de sanitários. Pegue-a, por favor. Poderia apostar que essa rotina tem periodicidade mensal e, entre as atividades, deve constar algo como "limpeza e revisão de ralos e sifões". Pergunte para sua equipe de manutenção se os operadores desses serviços realmente executam a tarefa todo mês. Eu diria que não. O desafio que quero propor é: não seria mais eficaz mudar a tarefa para uma periodicidade mais dilatada – trimestral ou quadrimestral –, mas com a garantia de que ela será *efetivamente* realizada?

O que vamos fazer neste capítulo tem a ver com essa análise. Parte das rotinas presentes nos planos de manutenção dos sistemas de climatização e condicionamento de ar vem da tabela de frequências da resolução da Anvisa, RE nº 9. O cuidado maior que se buscou nessas orientações tem a ver com a manutenção de aspectos relacionados à saúde e à segurança dos ocupantes dos espaços, com relação à *performance* dos sistemas de filtragem e à presença de organismos indesejáveis nos sistemas.

Um plano de manutenção, porém, é muito mais abrangente do que isso, contendo uma série de *checklists* e rotinas operacionais. Será que ali também não estão escondidas orientações como a do sifão do exemplo anterior? Será que não têm coisas que acabamos nos esquecendo de considerar?

No decorrer deste capítulo, serão destacados dois temas:

- Rotinas que constam nos principais planos de manutenção, cujas frequências comumente seguidas talvez possam ser analisadas criticamente.

- Rotinas que não constam no plano de manutenção, mas das quais todo gestor deveria seriamente considerar a incorporação, por serem fonte de problemas em instalações.

Rotinas com potencial de revisão

Limpezas e lavagens em geral

Rotinas de limpeza, lavagens e desincrustações dos equipamentos levam tempo para serem realizadas. Se o plano de manutenção, gerado mensalmente, está demandando que seja feita limpeza de gabinetes, serpentinas e afins nessa periodicidade, via de regra, uma de duas coisas está ocorrendo: ou está se gastando uma quantidade de recursos muito grande para realizar essas tarefas, ou elas simplesmente não estão sendo feitas – mesmo com o relatório apontando um *check* mensal de que isso foi verificado.

O desafio é verificar se os sistemas têm uma dinâmica que requer limpeza, lavagem e desincrustação de seus componentes mensalmente. E talvez não seja o caso.

A recomendação que fica aqui é de criar um calendário específico, complementar ao plano, para que essas atividades sejam *efetivamente* realizadas. A execução delas demanda dedicação de mão de obra e parada do funcionamento do equipamento por algumas horas, pois essas tarefas são barulhentas e produzem sujeira. Se alguém disser que conseguiu fazer a "lavagem do equipamento" no meio do expediente, desconfie.

Com um controle mais longo, equipes mais divididas e garantia de funcionamento do equipamento, a chance de seus sistemas terem mais confiabilidade, a um custo operacional mais eficiente, aumenta muito.

Checagens de motores e polias

Outro elemento banalizado, mas para o qual, da mesma maneira, se recomenda uma checagem específica, são as polias e os motores do sistema. Aspectos de desalinhamento produzem, no mínimo, desgaste prematuro de seus componentes e maior consumo elétrico do sistema. Em condições extremas, o agravamento pode gerar quebras de difícil reparo. Mas a manutenção está *de fato* sendo feita mensalmente ou é apenas mais um *check* em um pedaço de papel?

O mesmo raciocínio vale para os eixos de ventiladores, sejam axiais ou centrífugos. São peças normalmente caras, de difícil reposição e cujo tempo de substituição é longo, assim, subestimar a avaliação de seu estado de funcionamento pode causar grandes problemas na operação de sistemas.

Elementos de isolamento de dutos e casa de máquinas

Sistemas de isolamento, principalmente de casas de máquinas, são focos potenciais de acúmulo e proliferação de bactérias. Materiais de isolamento de dutos sofrem o mesmo problema.

A confiabilidade desses itens precisa ser checada em intervalos regulares, pois sua substituição é normalmente cara e demorada. Assim, muito mais do que analisados mensalmente por um relatório para cumprir uma rotina, esses elementos precisam constar no plano de investimento das organizações, em intervalos planejados e dentro da estratégia de melhoria das instalações de toda a empresa. Apenas um *check* no papel não garante a segurança necessária do equipamento.

Rotinas não previstas, mas com grande potencial de inclusão

Filtros de sistemas a água

Sistemas a água possuem, normalmente próximo aos conjuntos de bomba, chillers, e nos pontos de consumo, filtros tipo Y. Filtros tipo Y são pequenas gaiolas que retêm sujidades presentes no sistema de água. Essas gaiolas evitam que as sujidades sejam levadas para o interior dos equipamentos, o que, em última instância, pode provocar, inclusive, a perda total das máquinas.

A limpeza dos filtros Y precisa constar no plano de manutenção. A frequência e periodicidade deve ter relação direta com a idade e condição das tubulações que compõem o sistema: instalações muito antigas tendem a desprender mais pedaços da parede dos tubos ou até ter ferrugem, o que demanda maior atenção à manutenção em comparação com sistemas mais novos.

Limpeza interna de serpentinas a água

Outro ponto crucial nos sistemas a água é a serpentina, a tubulação em forma de serpente que forma os condensadores e evaporadores. São as serpentinas que garantem a troca de calor e, consequentemente, a eficiência dos sistemas. Às vezes, partículas muito finas de material sólido não retidas pelos filtros Y se acumulam nas paredes dessas tubulações, fazendo com que o sistema perca eficiência.

Assim, é imprescindível que seja previsto, no plano de manutenção, a parada periódica dos equipamentos para a desincrustação interna das serpentinas. Assim como as lavagens, é uma atividade crítica, que demanda tempo e precisa ser feita com o equipamento desligado, sendo preciso um planejamento e controle específico para sua realização.

Checagem de sistemas elétricos

Os planos de manutenção, operação e controle mais comuns já incluem medições de corrente e tensão dos principais sistemas elétricos do sistema, como compressores e ventiladores. Muitas dessas medições são realizadas mensalmente. No entanto, o que percebemos é que não são informadas as métricas de controle.

O motor consumiu X amperes. Perfeito, mas qual é o parâmetro de operação? Sem essa informação, apenas saber a medição produz pouco ou nenhum efeito. A checagem em intervalos muito curtos – mensais, por exemplo – também costuma banalizar a análise. Ninguém vai olhar mensalmente centenas de relatórios apenas para confirmar que, na maior parte das vezes, todos estarão dentro dos parâmetros. Alterações normalmente são lentas e perceptíveis em intervalos muito espaçados.

Assim, pode-se estudar uma calendarização específica para a checagem de sistemas elétricos. O formulário também deve ser específico, de modo a aumentar a qualidade da informação coletada e, assim, fazer com que o gestor tome ações mais adequadas em caso de detecção de problemas.

Análise termográfica e de vibração

Uma boa prática nos sistemas de climatização e condicionamento de ar consiste na análise de temperatura e vibração de alguns componentes críticos, principalmente compressores e bombas de alta capacidade.

Como medida de alta capacidade, pode-se considerar compressores acima de 10 TRs e bombas acima de 5 CVs. São equipamentos grandes, caros e que normalmente sustentam sistemas também complexos. Apesar de serem dispositivos muito confiáveis, com o tempo começam a apresentar mudanças no comportamento de temperatura e vibração, que prenunciam um potencial dano.

Realizar a análise desses sistemas, semestral ou anualmente, pode antecipar grandes problemas e quebras não previstas, economizando quantidade significativa de dinheiro e evitando dor de cabeça para os gestores dessas operações.

Enchimentos e ventiladores de torres de condensação

Torres de condensação têm rotina de checagem muito tímida definida pela Portaria nº 3.523, se comparada à criticidade de seus elementos.

Além dos aspectos de checagem de filtros Y e sistemas elétricos, gostaria de chamar a atenção para três elementos pertencentes a seus sistemas: enchimentos, bicos aspersores e ventiladores.

Enchimentos são elementos parecidos com colmeias que ficam no interior das torres, por onde a água circula. Essas colmeias são obstáculos que fazem com que a água, durante o curso no interior do equipamento, tenha mais tempo de contato com o ar ambiente, facilitando a troca de calor.

Com o tempo, porém, esses elementos vão se desgastando. Com o desgaste, o "obstáculo" é reduzido e a água passa a circular com maior velocidade. Circulando com maior velocidade, tem menos tempo de contato com o ar e a troca de calor é prejudicada. Com isso, é necessário mais tempo de funcionamento do ventilador, aumentando o seu desgaste e o próprio consumo de energia. Portanto, verificar os enchimentos – bem como ter um plano de substituição deles, se necessário – deve ser considerado em intervalos regulares.

Os bicos aspersores – como o nome diz, têm a função de aspergir a água pela colmeia –, seguem o mesmo conceito dos enchimentos. Eles se desgastam ou entopem com o tempo, por isso precisam de manutenção recorrente para garantir a eficiência. Aqui, muito mais do que substituições, estamos falando de ajustes de fluxo e limpeza.

O último elemento, os ventiladores, são motores elétricos importantes para a segurança dos sistemas. Eles funcionam durante uma quantidade de horas significativa todos os dias, durante vários dias seguidos. Logo, estão sujeitos a problemas de mau contato, aquecimento, etc.

Por estarem situados no alto das torres, nem sempre recebem a atenção devida – algumas instalações sequer possuem plataformas de checagem para sua manutenção. Se os ventiladores não estiverem em perfeito funcionamento, a constante presença de água nos elementos metálicos, não só do ventilador, mas também dos dispositivos de conexão elétrica ou sustentação, facilitará a formação de ferrugem, que danifica os elementos do equipamento à medida que o tempo passa. No caso dos componentes elétricos, a ferrugem pode ocasionar mau contato, resultando em aquecimentos excessivos e até incêndios. Nos componentes de sustentação, não são raros os acidentes em que as bases se rompem – considerando que ventiladores realizam 1.800 rotações por minuto, se eles caírem dentro da torre, ainda em funcionamento, o estrago será grande.

Ao se considerar esses cuidados adicionais, seu plano de manutenção ganhará eficiência e robustez e trará maior segurança à gestão dos sistemas e instalação.

É importante frisar que as atividades relacionadas ao plano de manutenção, em razão de sua complexidade e variedade, devem sempre ser definidas por um profissional legalmente habilitado, com imprescindível experiência na área, a fim de manter as melhores periodicidades das rotinas, considerando as condições técnicas, de acesso aos locais, de segurança no trabalho e de *performance* dos equipamentos.

CAPÍTULO 7

Análise de ar

Neste capítulo, vamos falar um pouco mais sobre os aspectos da análise de ar e entender sua relação com os usos e costumes dos ambientes de uma maneira geral.

Como já vimos nos capítulos anteriores, a base referencial para a qualidade de ar interior é a Resolução nº 9 da Anvisa. Nela, constam as quatro normas técnicas sobre os parâmetros de qualidade que devem ser monitorados, em uma periodicidade mínima de seis meses. Vamos discorrer um pouco sobre cada uma dessas normas e seus significados práticos.

Norma técnica 1: análise de bioaerossol

Bioaerossol é o nome dado ao conjunto de microrganismos encontrados em suspensão no ar, e o seu controle e monitoramento têm grande importância em função da correlação de sua presença com potenciais impactos ligados à saúde das pessoas, incluindo a incidência de alergias e, até mesmo, a proliferação de doenças contagiosas.

Apesar de o bioaerossol conter diversos tipos de organismo, o critério de sua medição, definido pela norma técnica 1, limita-se à presença e concentração de fungos, especificamente as leveduras, pois ao mesmo tempo que sua presença pode ter impacto muito danoso em indivíduos com algum tipo de comprometimento dos sistemas de defesa do organismo, o metódo de determinação do potencial de colonização, multiplicação e disseminação dos fungos é simples de ser realizado.

Esse método é chamado de *método de cultura*. O ar do ambiente é coletado em placas de Petri e deixado para "descansar" sob condições específicas (período mínimo de sete dias a uma temperatura 25 °C) para que seja analisada a capacidade de multiplicação dos fungos presentes no espaço analisado – eles são literalmente semeados. Passado esse tempo de desenvolvimento, é possível isolar e identificar os microrganismos da amostra coletada.

Figura 7.1. Exemplo de desenvolvimento de cultura de fungos em laboratório

Os principais tipos de fungo encontrados nas análises de ar ambiente de boa parte das grandes cidades brasileiras serão apresentados a seguir. Assim, poderemos entender suas principais origens e que danos podem causar à saúde dos indivíduos.

Principais fungos encontrados em análises de ar ambiente

Aspergillus

O *Aspergillus* é um fungo muito comum em ambientes urbanos, crescendo aerobicamente em matéria orgânica, no solo, sob a superfície de seres vivos.

Jardins são locais propícios para seu desenvolvimento. Esse gênero possui cerca de duzentas espécies, e aproximadamente 10% delas são demasiadamente nocivas ao ser humano.

Em análises de ar, é comum encontrarmos a espécie *Aspergillus sp.*, fungo causador da aspergilose. Em indivíduos sadios, sua presença pode se manifestar na forma de lesões – em unhas, pés, canal auditivo e olhos – e na forma broncopulmonar alérgica. O maior risco, entretanto, ocorre em indivíduos com sistema imunológico comprometido (seja em função de uma doença, um tratamento clínico ou alguma outra condição), pois pode causar alta letalidade associada a neutropenia ou doenças debilitantes.

Seguem algumas espécies do gênero *Aspergillus* muito perigosas e que pedem atenção máxima em caso de presença nas análises.

- ***Aspergillus flavus*:** desenvolve-se em culturas agrícolas e contamina grãos armazenados (pode causar doenças em culturas economicamente importantes, como milho e amendoim), enquanto produz metabólitos carcinogênicos mais tóxicos e potentes, como aflatoxinas e outras micotoxinas. É um patógeno oportunista que causa aspergilose invasiva e não invasiva em seres humanos, animais e insetos. É conhecido por ser capaz de se desenvolver em papel, madeira, materiais de construção pintados, têxteis e couro, além de já ter sido encontrado em materiais sintéticos, vernizes e ceras, bem como em peças eletrônicas e placas de vidro fotográfico. Estudos mostraram que o *Aspergillus flavus* está presente em poeira doméstica, dutos de ventilação e materiais de construção contaminados.
- ***Aspergillus fumigatus*:** tem sido associado a todos os tipos de problemas de saúde ligados a fungos ambientais (irritação e inflamação, alergia, asma, pneumonite, efeitos tóxicos, bem como uma ampla gama de infecções). Infecções foram relatadas afetando todos os sítios anatômicos e tipos de tecidos, exceto unhas. O *Aspergillus fumigatus* é o principal agente da aspergilose em pacientes com imunidade prejudicada. A exposição pode ocorrer principalmente por meio do ar externo ou interno contaminado, material vegetal em decomposição, incluindo composto e águas residuais, grãos contaminados, culturas e madeira.

- ***Aspergillus niger*:** é responsável pela doença mofo preto que pode ter contaminado algumas frutas e legumes (como uva, cebola e amendoim). Seu maior risco está na produção de potentes micotoxinas, as chamadas ocratoxinas. Está frequentemente presente na poeira doméstica, bem como em vários tipos de material têxtil não tratados. A entrada desse fungo em ambientes se dá por frestas em portas e janelas ou mesmo por meio de plantas e flores (por causa disso, alguns protocolos de saúde impedem a entrada de plantas em quartos de hospital). A espécie *Aspergillus niger* pode ser encontrada crescendo em materiais de construção úmidos e em sistemas de ventilação contaminados. Esse fungo também é encontrado como contaminante do ar de muitos edifícios que processam matéria vegetal ou produzem metabólitos. Grandes alterações paisagísticas, poda de árvores, cortes de grama e todo tipo de atividade em áreas verdes tendem a aumentar a dispersão desses fungos no ambiente.

Cladosporium

O *Cladosporium* também é um dos gêneros de fungo mais comuns encontrados nos ambientes. Ele compreende mais de 40 espécies oficialmente nomeadas e 180 cepas não identificadas registradas no banco de dados internacional da Universal Protein Resource. É facilmente carregado pelo vento por causa de seu reduzido peso, e se apresenta na forma de manchas escuras, marrons ou pretas, de aspecto aveludado e com formato similar a pequenas árvores. É menos danoso para a saúde humana do que o *Aspergillus*, sendo inclusive utilizado, em algumas condições, como agente biológico no combate a outros fungos.

É comumente encontrado em revestimentos de argamassa, na construção civil; e são comuns os relatos de aumento da concentração desses fungos após reformas, sobretudo quando envolvem demolições em ambientes internos. O uso de máscaras durante a execução de atividades dessa natureza e o isolamento de ambientes para redução da dispersão de material são importantes medidas de proteção.

Fusarium

Se você encontrar o nome *Fusarium* em alguma análise de ar, atenção redobrada. Como seus pares, ele também se desenvolve em solos, principalmente em plantações, e, assim como o *Aspergillus*, causa muitos danos em indivíduos com sistema imunológico comprometido. O fungo *Fusarium* é principalmente conhecido por sua produção de micotoxinas potentes, que podem levar a várias infecções em seres humanos e causar micoses oportunistas. É o responsável pela fusariose, cujos sintomas são febre, dor muscular, lesões na pele e problemas respiratórios, renais e até neurológicos, dependendo de onde se instalar no organismo humano. As recomendações mencionadas em relação a presença de plantas, grandes movimentações de terra ou mesmo cuidados nas tomadas de ar externo podem ser aplicadas para a prevenção do *Fusarium*.

Penicillium

O gênero *Penicillium* é o famoso bolor de pão, fungo que cresce em matéria orgânica, especialmente no solo e em ambientes úmidos e escuros. Existem mais de duzentas espécies catalogadas, e mais de vinte delas são regularmente encontradas em ambientes internos. Nem todas as espécies são problemáticas, diversas são utilizadas na fabricação de queijos, e uma delas, a *Penicillium notatum,* produz a penicilina. A descoberta "acidental" da penicilina foi feita por Alexander Fleming, em 1928, quando durante experimentações com o bolor, ao deixar a *Penicillium notatum* cair, notou que essa espécie impediu o crescimento de outras culturas.

Assim como outros gêneros, esse fungo é mais grave em pacientes com algum nível de imunodepressão. A espécie *Penicillium marneffei*, por exemplo, é a causadora da peniciliose, que causa infecção nos pulmões – a pneumonia.

Rhizopus

O *Rhizopus* é outro gênero de fungo encontrado em frutos e vegetais maduros. Algumas espécies são agentes oportunistas da zigomicose humana, oferecendo como maiores perigos sua elevada taxa de crescimento e a capacidade de se desenvolver em temperaturas mais elevadas do que outras espécies.

Considerações gerais em relação à presença de fungos em ambientes

Em geral, a proliferação de fungos tem importante correlação com condições de temperatura e, principalmente, umidade nos ambientes. Áreas úmidas – como sanitários, lavanderias, entre outros – têm predisposição natural para proliferação de fungos. Durante a gestão de sistemas de infraestrutura, deve-se ficar muito atento a ambientes com infiltração e locais com elevada umidade relativa do ar – regiões litorâneas, principalmente, costumam conviver com situações generalizadas de mofo. Ter um bom projeto de climatização, com previsão de retirada regular da umidade presente no ar externo, é essencial para a redução do risco de crescimento de fungos nas superfícies.

Filtros de ar-condicionado, serpentinas e bandejas de condensação malconservados são potenciais focos de proliferação. Assim, é crucial manter planos de manutenção em dia para que os elementos destinados a proteger nossa saúde não acabem ocasionando o efeito contrário.

O mofo costuma crescer em até 48 horas após uma superfície ficar molhada. Por isso, um plano de ação para secagem da área afetada dentro desse prazo deve ser previsto. Se o mofo crescer em quantidade superior a 1 m^2 de extensão na superfície, é necessária uma abordagem profissional para a remoção eficaz e segura desse material. O Brasil ainda não tem uma norma técnica sobre o assunto, assim, é comumente usada como referência a norma de remediação de mofo de edifícios escolares e comerciais formulada pela United States Environmental Agency (EPA, Agência Ambiental dos Estados Unidos).

Os limites de preocupação para a presença desses microrganismos são medidos em *unidades formadoras de colônia*, que indica um potencial de proliferação dos fungos. A RE nº 9 determina que, a cada metro cúbico de ar, pode haver a quantidade máxima de 750 unidades formadoras de colônia (750 UFC/m^3). É importante ressaltar que esse parâmetro considera a *soma* das diversas quantidades de unidades formadoras, ou seja, a soma dos diversos fungos eventualmente existentes, e não a concentração de apenas um gênero.

Outro aspecto tão relevante quanto a concentração total é a relação entre o ar interior e ar exterior. Pelo que falamos até agora, é de esperar que ambientes com grande concentração de plantas, jardins e áreas verdes tenham dispersão maior de fungos pelo ar. No entanto, os sistemas de climatização e condicionamento de ar podem atuar para que o ambiente interno não se torne um ambiente viciado, onde a proliferação desses organismos seja muito mais acelerada do que no ambiente externo.

Locais com crescimento de mofo, baixa ventilação e escuros, regiões litorâneas com elevada umidade relativa do ar, infiltrações e vazamentos, sistemas de exaustão de cozinhas deficientes, entre outros, tendem a elevar o nível de microrganismos em seus ambientes internos se não houver controle de umidade e limpeza adequada no local.

A RE nº 9 estabeleceu não só o limite de 750 UFC/m³, mas também que a relação entre um ambiente interno e o externo não pode ser superior a 1,5. Em termos práticos, um ambiente, cuja análise de ar exterior aponte, por exemplo, concentração de 200 UFC/m³, não pode ter mistura de ar interior que ultrapasse 300 UFC/m³, respeitando assim a relação de 1,5. Se essa razão for superior, isso significa que está ocorrendo algo internamente que eleva a concentração de fungos dentro do ambiente avaliado.

Último ponto de atenção. Alguns ambientes podem seguir recomendações específicas. Por exemplo, ambientes onde são realizados procedimentos de saúde têm parâmetros particulares para o tratamento de ar, determinados pelas diversas resoluções de diretoria colegiada (RDCs) e pela NBR 7256, que regulamenta o tratamento de ar em estabelecimentos assistenciais de saúde (EAS). Esses documentos precisam ser considerados para a manutenção correta desses ambientes.

Norma técnica 2: análise de concentração de dióxido de carbono (CO_2)

A segunda norma técnica da RE nº 9 trata da concentração de dióxido de carbono (CO_2). Quando discorremos sobre a norma da terceira parte da ABNT 16401, falamos sobre os aspectos de concentração do CO_2 e do limite de 1.000 ppm imposto. A norma técnica 2 reforça essa informação.

O CO_2 é um importante indicador da renovação do ar em ambientes fechados. Além disso, diversos institutos, associações e centros de pesquisa ao redor do mundo têm conduzido estudos ao longo das últimas décadas a respeito dos efeitos da concentração de CO_2 nas pessoas que estão trabalhando nesses ambientes cotidianamente.

Altas concentrações de CO_2 afetam a concentração, a produtividade, o desempenho cognitivo, o raciocínio, etc. Com variações entre 600 ppm e 2.500 ppm, já são perceptíveis as diferenças na produtividade dos indivíduos em atividades que requerem concentração, aprendizado e tomada de decisão. Logo, precisamos estar atentos a esse nível para que as instalações possam proporcionar ambientes saudáveis para seus ocupantes.

Há alguns anos, quando ainda era permitido fumar em ambientes corporativos, manter a concentração de CO_2 em níveis baixos era um problema, pois a fumaça produzida aumentava de maneira considerável esse índice. No entanto, a proibição do fumo nesses locais tornou-se uma aliada do gestor de facility e propriedades.

Hoje, salvo em casos crônicos de falhas na ventilação e renovação de ar ou excesso de pessoas em relação ao projeto original do ambiente, é possível manter os índices de CO_2 abaixo de 1.000 ppm sem grandes dificuldades. Alguns cuidados, entretanto, precisam ser tomados:

- Atenção aos pontos de tomada de ar externo. O capítulo 7 da NBR 16401-3 estabelece distâncias mínimas desses pontos em relação às fontes de poluição. Falhas nesse quesito podem afetar os indicadores internos.
- Atenção às fontes de aquecimento ou cocção, especialmente em cozinhas, pois a chama de fogões produz como subproduto o CO_2.

Um ambiente fechado e mal ventilado, sujeito às ações da respiração humana e com tomadas de ar externo próximo a fontes de poluição, pode alcançar concentrações da ordem de 3.000 ppm. Se os colaboradores da sua empresa se sentem constantemente cansados, esse pode ser um indicador de potenciais problemas no nível de concentração de dióxido de carbono.

A medição de CO_2 também é uma aliada na verificação do risco de transmissão de contaminantes aéreos (por exemplo, o Sars-Cov-2). Nível de CO_2

baixo indica boa ventilação do local em relação à quantidade de indivíduos; portanto, maior diluição de poluentes no ar, menor risco para as pessoas.

Norma técnica 3: determinação de temperatura, umidade e velocidade de ar

O corpo humano é uma máquina perfeita. Nosso metabolismo se adapta muito rapidamente às mudanças de condições externas, preservando os sentidos e funções vitais diante do que acontece do lado de fora. Mas, claro, não sem um custo.

A temperatura mexe muito com nosso organismo. Quando estamos expostos a uma temperatura externa muito alta, o corpo tenta compensar reduzindo suas atividades. Ele vai literalmente "desligando" algumas ações e, por isso, sentimos sonolência, cansaço e moleza. Em condições extremas ou prolongadas, podemos ter câimbras e desidratação. Ambientes muito frios também são ruins. Eles causam distração, pois o cérebro fica desatento e ficamos mais dispersos, o que prejudica a produtividade.

Somos menos sensíveis à umidade, mas ela também nos afeta. Umidade relativa do ar muito baixa causa dores de cabeça, secura e irritação nos olhos e mucosas e dor de garganta. Já umidades muito altas favorecem o crescimento e desenvolvimento de poluentes biológicos não saudáveis, além do efeito prejudicial nas superfícies construídas de modo geral.

Por fim, a velocidade do ar também age sobre nosso corpo. Velocidades muito baixas afetam a capacidade de circulação e renovação do ar interior, ao passo que velocidades muito altas não só causam uma sensação ruim aos ocupantes, como também favorecem maior suspensão de material particulado.

Perceba que esses elementos não trabalham de maneira isolada, estão sempre influenciando um ao outro. Assim, a norma técnica 3, reforçando os aspectos tratados na segunda parte da NBR 16401, buscou definir faixas de "conforto" para alcançar o equilíbrio de que o corpo humano tanto precisa para manter as capacidades funcionais a plena carga e nos deixar mais atentos, criativos e produtivos nos ambientes e atividades em que atuamos.

Norma técnica 4: análise de concentração de aerodispersoides

Quando pensamos no ar que respiramos, vem à cabeça o oxigênio e, eventualmente, os demais fluidos que compõem a atmosfera. Mas, além desses elementos, durante o processo da respiração, inspiramos uma série de outros materiais – de origem física, química ou biológica –, oriundos da dinâmica dos ambientes onde vivemos. A esse conjunto de materiais, deu-se o nome de aerodispersoides, que são partículas sólidas ou líquidas dispersas no ar, de tamanho entre 0,5 µm e 200 µm.

Nota: algumas literaturas apontam o limite superior de 100 *µm* para definir um aerodispersoide. Entretanto, para o entendimento geral proposto nesta obra, isso não é relevante.

Para facilitar a comparação, veja algumas ordens de grandeza de outras partículas.

- A menor partícula vista a olha nu mede 25 µm.
- Partículas maiores do que 10 µm decantam facilmente no ambiente.
- Partículas entre 2 µm e 10 µm decantam sem corrente de ar.
- Partículas menores do que 0,5 µm não caem no solo.
- O pólen tem entre 10 µm e 100 µm.
- Esporos têm entre 10 µm e 30 µm.
- Bactérias têm entre 0,4 µm e 12 µm.
- Vírus têm entre 0,005 µm e 0,1 µm.
- Partículas menores do que 3 µm alcançam as vias respiratórias.
- Partículas menores do que 1 µm podem alcançar a corrente sanguínea.

Nas últimas décadas, o comportamento dos aerodispersoides no corpo humano passou a ganhar significativa importância, principalmente por causarem algumas doenças. Controlar a quantidade e a concentração de aerodispersoides tem relação direta com a saúde de edifícios e seus ocupantes, não só pelo fato dos potenciais problemas respiratórios que podem causar ao entrar nas vias respiratórias, mas por serem veículos de transporte de vírus e bactérias. Vírus e bactérias não possuem "asas", logo, dissipam-se de uma pessoa ou superfície para outra por meio dessa matéria em suspensão.

Adotou-se o indicador 80 $\mu g/m^3$ como a concentração máxima de aerodispersoides presentes no ar para determinar o grau de pureza do ar e o nível de limpeza de um ambiente climatizado.

Se as análises apontarem concentração maior no ambiente, em caso de possíveis fontes de contaminação, algumas dicas úteis são:

- Checar os dutos do sistema de ar condicionado. Pode haver grande concentração de aerodispersoides, especialmente se obras ou reformas forem executadas com o sistema de refrigeração em funcionamento.
- Mesmo com o sistema desligado, ao realizar uma obra ou atividade que produza pó, isolar ao máximo o ambiente em que será feita a intervenção. Cuidar para que o término da atividade seja seguido de uma higienização adequada de superfícies.
- Estar atento às tomadas de ar externo, especialmente se houver grandes movimentações de obras e reformas no entorno ou alterações em jardins, podas e plantas, pois todas essas atividades lançam grande quantidade de material particulado na atmosfera.
- Usar filtros de ar de boa eficácia nas tomadas de ar externo e nos condicionadores de ar, principalmente em áreas de grande geração de partículas, como regiões portuárias (grãos) e industriais, grandes avenidas ou locais em épocas de colheita. No outono e inverno, a maior parte das regiões brasileiras tem poucas chuvas e muito vento, o que proporciona o clima ideal para haver muito material particulado em suspensão. Isso também vale para regiões de queimadas e incêndios.
- Ter cuidado com jardins internos e com as espécies de plantas com as quais estiver trabalhando. Algumas facilitam a precipitação desses elementos no ar.
- Seguir corretamente os planos de manutenção e higiene de superfícies com elementos à base de tecidos e fibras. Carpetes, papéis de parede e estofados em geral são excelentes materiais de acabamento e conforto

nos ambientes, mas, como todo revestimento poroso, requerem cuidados específicos. É instintivo e natural pensar que se deve varrer um piso com bastante frequência para mantê-lo livre de poeira; o mesmo raciocínio deve ser aplicado para um carpete.

- Investir em barreiras que impeçam a entrada de material particulado nas edificações. O corpo humano – inclusive a roupa, e principalmente a sola dos sapatos – é um grande transportador de aerodispersoides para o interior dos ambientes. Há tecnologias de tapetes e capachos que reduzem significativamente o volume desse material carregado, por possuírem fibras que "raspam" a sola dos calçados, retendo as partículas. Não se esquecer de higienizar tapetes e capachos com regularidade.

Compostos orgânicos voláteis

A resolução sobre qualidade de ar, conforme falamos no início deste capítulo, possui quatro métricas de controle. Mas é importante abrir uma quinta vertente, relacionada aos compostos orgânicos voláteis (VOC, sigla em inglês de *volatile organic compound*), que têm despertado interesse e estudo em função do seu potencial de prejudicar a saúde.

Compostos orgânicos voláteis são componentes químicos presentes em diversos tipos de material, sintéticos ou naturais. Uma de suas características é ter alta pressão de vapor, fazendo com que se transformem em gás ao entrar em contato com a atmosfera.

Sabe quando a gente pinta um ambiente e ele fica com "cheiro" de tinta? Isso é um VOC. Sabe o cheiro daquele perfume ou da maquiagem? É um VOC também. Solventes em geral, repelentes, produtos de limpeza, maquiagem e cosméticos, pesticidas, roupas lavadas a seco, tintas, móveis, carpetes, papel-carbono, cola e combustíveis são alguns exemplos de materiais em que podemos encontrar compostos orgânicos voláteis.

Ao ficar em um ambiente onde a porta foi pintada recentemente, é comum as pessoas, depois de certo tempo, relatarem dores de cabeça e até irritação nos olhos. Isso acontece porque, geralmente, portas são pintadas com esmalte sintético à base de solvente, que têm grande quantidade de VOC.

Apesar de alguns manuais (Leed e FitWeel), assim como a revisão da NBR 17037, abordarem esse tema, ainda há poucos protocolos específicos para controle ou medição de VOCs, mas se sabe que esses compostos estão por trás de problemas relacionados a irritação de mucosas e garganta, náuseas, fadiga, dores de cabeça e problemas de pele.

Temos de ter atenção especial com combustíveis e fumaça de cigarro (liberam benzeno e têm ligação direta com casos de câncer), removedores e *sprays* aerossóis (contêm clorometano). Ao entrar no nosso corpo, o clorometano se transforma em monóxido de carbono, que prejudica a capacidade de distribuir oxigênio entre as células.

Boas práticas para reduzir as concentrações de VOC

A seguir, listamos algumas recomendações para reduzir as concentrações de VOC no ambiente.

- Dê preferência a tintas e materiais que contêm baixos níveis de VOCs.
- Não permita que fumem no interior ou próximo das edificações. A fumaça exalada contém grande quantidade de poluentes, incluindo VOCs.
- Minimize o uso de desodorizadores de ambiente, velas aromáticas e incensos.
- Considere armazenar móveis e materiais de construção por algumas semanas antes de levá-los para o interior das edificações, ou aumente a ventilação dos ambientes para tirar o cheiro de "novo" dos objetos.
- Compre tintas, solventes e removedores em quantidade suficiente apenas para o uso imediato, evitando armazenamento. Se tiver que armazenar, faça-o em ambientes bem ventilados.
- Remova latas ou recipientes com restos desses materiais dos ambientes e armazene-os de maneira adequada.
- Evite levar roupas lavadas a seco imediatamente para dentro de casa ou, pelo menos, remova o plástico e deixe-as em uma área ventilada até estarem complementarmente sem odor.

- Quando introduzir novos materiais (como tintas, colas e móveis) dentro de ambientes, pense no tratamento ou diluição dos VOCs que serão liberados, principalmente nas primeiras semanas após a instalação. Avalie a possibilidade de exaustão ou tratamento do ar, tecnologia de fotocatálise por exemplo, durante as reformas e aplicações.

Estamos apenas no início do entendimento dos efeitos dos VOCs na saúde das pessoas, bem como da compreensão dos eventuais níveis de segurança e tolerância. No entanto, já existem no mercado medidores que prometem fazer a leitura instantânea dessas concentrações. Se ainda não sabemos as faixas de concentração e tempo de exposição de cada elemento, entender ao menos o comportamento de sua instalação pode ser útil para o gestor de facilities e propriedades.

De todo modo, garanta sempre a ventilação adequada nos ambientes e a correta manutenção dos filtros dos sistemas de refrigeração. Eles são, no final das contas, os maiores aliados na manutenção da qualidade de ar dos edifícios.

CAPÍTULO 8

Fluidos refrigerantes

Neste capítulo, vamos apresentar brevemente a história da indústria de refrigeração, climatização e condicionamento de ar, contando um pouco desde seus primórdios até o desenvolvimento dos fluidos refrigerantes, quando comentaremos sobre seu papel e como a melhor compreensão sobre eles tem mudado de forma substancial seus conceitos e instalações.

O estudo do efeito do frio na vida e no costume das pessoas é secular. Há registros anteriores a 2000 a.C. indicando os efeitos exercidos por baixas temperaturas na conservação de alimentos. Após a invenção do microscópio, no século XVI, o estudo dos microrganismos deu um salto. Diversos experimentos conseguiram correlacionar a velocidade de proliferação de organismos com a temperatura sob a qual eles estavam expostos: por exemplo, o crescimento de bactérias poderia ser reduzido significativamente e, às vezes, até interrompido, deixando o ambiente frio, finalmente explicando as observações realizadas mais de mil anos antes.

Diversas linhas de pesquisa nesse sentido ganharam corpo e, como consequência, a demanda por gelo cresceu. Até então, a única forma de obtenção de gelo era por meio de fontes naturais, como um lago congelado ou uma montanha com neve. Pode-se, então, imaginar as dificuldades de se manter as pesquisas em locais distantes a essas fontes geladas, já que não havia tecnologia para manter o gelo em estado sólido caso fosse necessário o transporte para grandes distâncias.

A primeira produção artificial de gelo ocorreu em 1755, feita por William Cullen, que baixou a pressão de uma amostra de éter para acelerar sua evaporação, objetivando trocar calor com um recipiente de água. Ao realizar esse processo, percebeu que a água do recipiente se transformava em gelo.

Nota: nos capítulos iniciais deste livro, tivemos o cuidado de diferenciar o que hoje o mercado entende por processos de climatização, condicionamento de ar e refrigeração. Para efeito do contexto histórico, entretanto, somente neste capítulo, desviaremos um pouco desses conceitos. Na ausência de uma palavra melhor, chamaremos de "refrigeração" todo o processo de remoção de calor de um ambiente ou de remoção de calor de um processo. Isso mesmo, com aspas, para que fique claro que o sentido aqui é apenas o de contar a história, fugindo do que foi conceituado anteriormente.

Essa observação incentivou o desenvolvimento de sistemas que pudessem realizar o processo de maneira contínua. O princípio teórico do que viria a ser os sistemas de "refrigeração" que conhecemos hoje surgiu com o inventor Oliver Evans, que desenhou, em 1805, um sistema fechado baseado na compressão de vapor. *Desenhou*, pois ele nunca chegou a produzir um.

Há uma disputa de quem foi a primeira patente de um sistema de "refrigeração". Mais ou menos a mesma história de quem inventou o avião. Algumas fontes apontam o norte-americano Jacob Perkins, em 1834, com sua máquina de produção de gelo; outras apontam o britânico James Harrison, na década de 1850. Aqui, para nosso entendimento, isso não é relevante.

Em 1902, Willis Carrier inventou o primeiro processo mecânico de condicionamento de ar, para resolver um problema de calor excessivo, em dias quentes, numa empresa de impressão nos Estados Unidos. Esse evento é um marco importante da história do setor. Em 1906, é cunhada a expressão *ar condicionado*.

Esses processos já tinham um princípio de funcionamento muito similar ao ciclo frigorígeno, que descrevemos nos capítulos anteriores. Mas até essa época, o fluido refrigerante existente no interior dos sistemas era exclusivamente composto de elementos naturais, como a amônia, cloreto de metila ou dióxido de enxofre.

A amônia possui eficiência altíssima. Até hoje, existem aplicações com esse elemento. No entanto, assim como os demais, ela tem alta toxicidade e alta inflamabilidade e, portanto, acidentes graves e fatais registrados com esse composto não foram raros. A indústria, então, passou a pesquisar formas mais seguras de realizar o ciclo frigorígeno. Na década de 1930, foram descobertos os fluidos sintéticos à base de clorofluorcarbonetos, o famoso CFC.

A facilidade de produção, distribuição e utilização dos CFCs ajudou a popularizar os sistemas de climatização. Eram fluidos não tóxicos, não inflamáveis, relativamente baratos de se produzir e que poderiam ser utilizados em diversas aplicações: de aerossóis a solventes, passando por extintores de incêndio. Parecia o mundo perfeito. E foi, durante muito tempo.

Mas a conta dessa aparente facilidade – ou a percepção de que haveria uma conta – chegou quase meio século mais tarde. Motivado por pesquisas sobre a origem dos buracos na camada de ozônio, principalmente na Antártida, foi apresentado, no início dos anos 1970, um estudo sobre o efeito dos CFCs na atmosfera. Descobriu-se que a radiação ultravioleta (vamos falar sobre ela em outro momento), ao atingir o CFC – mais precisamente o CFCl3 –, causa uma reação química que libera átomos livres de cloro.

Fluidos e impactos ambientais

Grave esta informação: aquele fluido refrigerante da geladeira ou de um aparelho de condicionamento de ar, aparentemente inofensivo para a saúde humana, causava um grande estrago no meio ambiente.

Ao ser liberado, o CFC alcança as altas camadas da atmosfera e, ao ser atingido por raios solares de determinada frequência de onda, gera uma reação na molécula do fluido que faz com que ela se divida, liberando "átomos livres de cloro".

Esse átomo livre de cloro que fica solto na atmosfera, ao encontrar uma molécula de gás ozônio (O_3), também provoca reações químicas, formando dois novos arranjos de moléculas: o monóxido de cloro (ClO) e oxigênio (O_2).

Nessa primeira parte da operação, temos uma molécula de ozônio que foi destruída, formando outros elementos. Essa molécula, que antes nos protegia da radiação ultravioleta, não existe mais. No segundo momento, o cloro é muito instável e forma novos arranjos químicos facilmente. Aquele átomo que formou o monóxido de cloro (ClO), ao encontrar átomos livres de oxigênio (O) presentes na atmosfera, formam dois novos elementos: de um lado, uma nova molécula de oxigênio (O_2); do outro, o cloro novamente livre (Cl). Esse cloro livre volta a se combinar com outra molécula de ozônio e, a partir daí, o processo se repete. Estima-se que cada átomo de cloro pode destruir até 100 mil moléculas de ozônio. A figura 8.1 é uma representação gráfica desse processo.

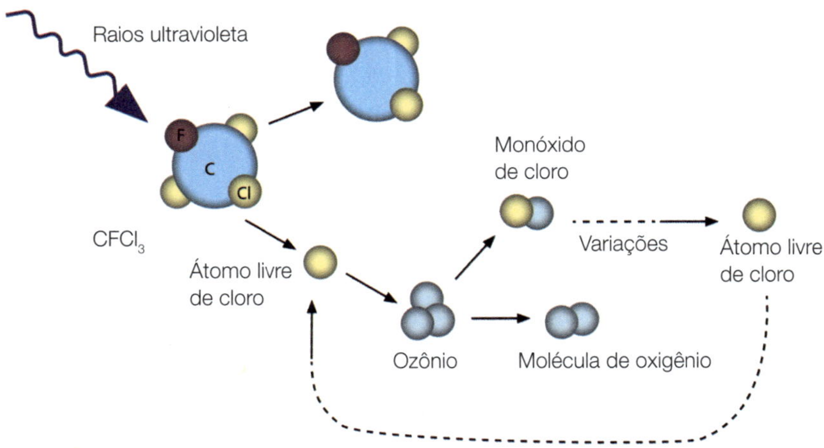

Figura 8.1. Reação do cloro com o ozônio

O processo completo é descrito da seguinte maneira:

$CFCl_3 \rightarrow CFCl_2 + Cl$ (g)
Cl (g) + $O_3 \rightarrow ClO$ (g) + O_2 (g) (destruição da camada de ozônio)
ClO (g) + O (g) $\rightarrow Cl$ (g) + O_2 (g) (nova liberação do átomo de cloro)

Os estudos que mostraram os efeitos danosos dos CFCs na camada de ozônio motivaram o desenvolvimento de outras famílias de fluidos refrigerantes, e assim surgiram os HCFCs (hidroclorofluorcarbonetos), sendo o mais famoso dos seus representantes o R22. Descobriu-se que a introdução do hidrogênio na mistura torna o cloro muito mais estável, reduzindo em 95% o efeito na camada de ozônio. Com isso, passou-se a utilizar amplamente esse composto e outros "primos próximos", como o R141-b.

Com a aparente solução do problema, definiu-se, em 1987, no Protocolo de Montreal, metas para redução da emissão de substâncias que destroem a camada de ozônio, nas quais os CFCs ganharam protagonismo. Estabeleceu-se, entre outras iniciativas, que fosse banida a utilização desses compostos em todo o mundo. Países desenvolvidos deveriam eliminar sua utilização até 2001, e países em desenvolvimento, como o Brasil, até 2010, datas que em geral foram cumpridas.

No entanto, a continuidade dos estudos mostrou que os HCFCs, apesar de seu baixo impacto na camada de ozônio, contribuem bastante para o aquecimento global. Novas discussões, ocorridas em 1990 em Londres, em 1992 em Copenhagen e, especialmente, em 1995 em Viena, acrescentaram metas de redução também dos HCFCs, com prazo para eliminação da utilização desses fluidos até 2030 para os países desenvolvidos e 2040 para os em desenvolvimento.

A indústria reagiu com velocidade, criando os fluidos ecológicos, os HFCs. Se você tiver acesso a um equipamento que opera com R134a, R404A (ou R507A) e R410A, procure na estrutura externa da máquina a alusão a uma árvore, folha ou algo que remeta à natureza; esse símbolo demonstra que o equipamento não agride o meio ambiente.

Durou pouco. Em 1997, o Protocolo de Kyoto estabeleceu que os fluidos refrigerantes deveriam não só conter informações sobre seu impacto na destruição da camada de ozônio, mas também seu efeito no aquecimento global. A medida de comparação estabelecida para apresentar esses dados foi uma "equivalência de CO_2". Quanto esse fluido contribui para o aquecimento global em comparação ao dióxido de carbono?

Assim, surgiram termos como *ozone depletion potential* (ODP), ou potencial de esgotamento de ozônio, em que o R11 seria a base 1, e *global warming potential* (GWP), ou potencial de aquecimento global, em que o CO_2 era a base. Todo fluido tem um múltiplo desses valores de referência (tabela 8.1).

Com essa "luz" sobre o assunto, a indústria de HFC precisou voltar para a prancheta, pois também esses fluidos contribuíam com o aquecimento global. Como o Protocolo de Kyoto estabeleceu que as nações deveriam reduzir seus equivalentes à emissão de CO_2 na atmosfera, passou-se a observar com cuidado o desempenho e a fabricação desses elementos.

Em 2016, foi aprovada, num encontro em Ruanda, uma emenda ao Protocolo de Montreal. Conhecida como Emenda de Kigali, ela estabeleceu a redução progressiva da fabricação e consumo de HFCs. Para países como o Brasil, não haverá qualquer controle até 2028. Em 2029, congela-se o consumo desse insumo, e as metas de redução definidas são de 10% até 2032, 20%

até 2037, 30% até 2042 e 85% até 2047. O motivo de metas, a princípio, tão tímidas se dá em razão das opções – ou da falta delas – disponíveis no mercado.

Atualmente, os fluidos que menos causam danos tanto à camada de ozônio quanto ao aquecimento global são as famílias de HFOs (hidrofluorolefina) e os HCs (hidrocarbonetos). Ambos, além de terem apresentado desempenho de consumo de energia melhor do que seus pares de outras famílias, para operação de equipamentos de potência similares, têm baixos índices de ODP e de GWP. A tabela 8.1 compara o desempenho de diversos elementos mencionados neste capítulo. Essa classificação foi feita com base em um estudo realizado pela consultoria GPS Neulaender (Projeto Kigali; iCS, [*s. d.*]).

Nota: diversas consultas sobre tabelas comparativas dos efeitos na destruição da camada de ozônio e no aquecimento global têm mostrado números *diferentes* entre os elementos. Para facilitar o entendimento proposto aqui, as diferenças observadas são irrelevantes. O objetivo não é saber com precisão se o GWP do fluido R22 é 1.760 ou 1.780, e sim entender que ele é, em média, mais de três vezes maior do que o HFC 32, que tem índices em torno de 677 (ou 580, dependendo da fonte).

Tabela 8.1. Tabela comparativa de fluidos refrigerantes

FAMÍLIA	NOME	GWP	ODP	CLASSIFICAÇÃO DE SEGURANÇA
HCFCs	R22	1.760	0,055	A1
	R141b	725	0,11	A1
HFCs	R410A	1.900	0	A1
	R134A	1.300	0	A1
	R407C	1.624	0	A1
	R404A	3.943	0	A1
	R427A	2.024	0	A1
	R407A	1.923	0	A1
HFCs	HFC-32	677	0	A2L
HFOs	HFO-1234yf	< 1	0	A2L
	HFO-1234ze	< 1	0	A2L
	HFO-1336rnzz(Z)	2	0	A1
HFO/HFC blend	R446A	460	0	A2L
	R447A	570	0	A2L
	R452B	680	0	A2L
	R454B	470	0	A2L
	R450A	550	0	A1
	R513A	570	0	A1
	R513B	540	0	A1
HCs	HC-290	3	0	A3
	HC-1270	2	0	A3
	HC-600	3	0	A3
Amônia	R-717	0		B2L

Fonte: adaptado de Projeto Kigali e iCS ([*s. d.*]).

A primeira solução em que pensamos é passar para HFOs e HCs, mas, ao analisar a coluna "Classificação de segurança" da tabela 8.1, é possível verificar que os HFOs têm classificação de risco A2L, enquanto os HCs, classificação A3. Isso significa que os fluidos refrigerantes são classificados em função das características de toxicidade e inflamabilidade. Existem duas categorias de toxicidade (as de menor índice, classe A, e as de maior índice, classe B) e quatro características de inflamabilidade (1, 2L, 2 e 3). HFOs e HCs são mais tóxicos e mais inflamáveis que os demais fluidos, demandando cuidados de manuseio e arquitetura de equipamentos diferentes para que a segurança das operações seja garantida. O mercado ainda está entendendo os impactos e as aplicações desses produtos, mas podemos afirmar que estamos todos nos encaminhando para elaborar modelos em que os fluidos refrigerantes não afetem a camada de ozônio nem contribuam para o efeito estufa.

Um dos desafios que teremos de enfrentar no futuro é certamente a problemática do fluido R22. Determinou-se o congelamento do consumo de R22 que cada país pode consumir a partir das quantidades utilizadas no ano de 2020. Com essa base, estipulou-se metas compulsórias de redução de seu consumo – como esse insumo é totalmente importado, no caso do Brasil, isso é facilmente controlado.

Nosso país teve uma meta de redução nas cotas de importações de 27,1% para o ano de 2021. A indústria de refrigeração nacional reagiu com velocidade, e os polos produtores de novos equipamentos há tempos já não utilizam o R22 em seus aparelhos. O R410A foi incorporado na grande maioria dos dispositivos (o que, do ponto de vista ambiental, é ainda pior, mas vamos resolver um problema por vez).

Em 2025, é colocado em vigor um novo padrão de corte de importações, dessa vez de 67,5%. Aqui, se nada for feito, teremos problemas com a falta de R22 no mercado.

Quais são as alternativas?

As cotas de importação vão impedir a compra de novos estoques do HCFC R22, mas não é dito que a continuidade da operação do que existe é proibida. Os fluidos refrigerantes não esgotam sua capacidade de operar dentro do ciclo frigorígeno. Se um sistema fechado permanecer intacto, eles podem funcionar indefinidamente. O problema de *performance* ocorre quando o fluido é contaminado. Uma fissura nas tubulações do sistema ou uma falha no compressor pode expor o componente a partículas de água ou de óleo, prejudicando seu desempenho.

Antigamente, um fluido contaminado era simplesmente desprezado. Hoje, há formas mais eficientes, operacional e economicamente, de se recuperar esse elemento. Uma delas é a reciclagem.

A reciclagem consiste em um processo similar a uma diálise. Uma máquina recicladora portátil é instalada no circuito do equipamento, de onde ela recolhe o fluido, e no seu interior realiza processos de separação do óleo, remoção de não condensáveis e redução da umidade. Em certas condições, o fluido reciclado pode ser reinjetado nas máquinas de onde foi recolhido, com *performance* operacional bastante satisfatória.

Outra possibilidade é a regeneração, um processo mais complexo do que a reciclagem, porém mais eficiente. A regeneração tem a capacidade de separar fluidos misturados e reduzir a acidez, o que a reciclagem não faz. Um fluido que passa pelo processo de regeneração – regulado pela AHRI-700, publicada pela Air-Conditioning, Heating and Refrigerantion Institute – tem características e *performance* similares a de um material virgem, alcançando índices de pureza superiores a 99% e com custo mais baixo do que a troca por uma nova mistura.

Mas essas são ações de curto prazo, não sendo sustentáveis por longos períodos. Para isso, existem algumas opções. O mercado tem trabalhado com a conversão de sistemas à base de R22, e outros HCFCs, para sistemas à base de HFC, que têm menor impacto no efeito estufa. O HFC32, até o momento, tem se mostrado uma alternativa interessante.

Nos capítulos iniciais, falamos da importância do fluxo de compressão, expansão e troca de calor do fluido refrigerante durante todas as etapas do processo. Cada um dos fluidos sobre os quais discorremos até agora possuem características e comportamentos específicos em determinada condição. Por trás das mudanças de estado ou condição, existem elementos mecânicos que fazem com que os processos ocorram dentro de parâmetros preestabelecidos (compressores, válvulas de expansão, etc.).

Assim, o nível de mudança para cada elemento depende do nível de compatibilidade ou adaptabilidade dos elementos em relação às alterações necessárias. Quando foram lançados os primeiros carros flex ou a gás, surgiram os "*kits* de conversão". Com os fluidos é a mesma situação. A boa notícia é que cada vez mais o mercado tem disponibilizado compressores a válvulas de expansão inteligentes, que permitem maiores intervalos de configuração de trabalho.

Até o momento, o que sabemos é que HFCs têm demandado esforço menor nessa compatibilização. Mas, como eles vão acabar, talvez valha a pena, pelo menos até este instante, já trocá-los por outro, mesmo que esse outro também seja descontinuado nas próximas décadas.

Resumo das recomendações

Sintetizando, é importante:

- Ter cuidado ao fazer a gestão do parque de equipamentos à base de HCFCs. Usar e abusar de práticas de reciclagem e regeneração.
- Estudar alternativas de conversão do parque existentes para HFCs de menor impacto no efeito estufa.
- Considerar usar outros elementos ao comprar novas máquinas.
- Lembrar-se sempre do mais importante: toda remoção ou substituição de fluido refrigerante deve ser precedida do recolhimento e destinação adequada do insumo antigo.

Seguindo essas recomendações, estaremos manuseando instalações mais seguras e com impacto ambiental muito menor em comparação ao que temos atualmente.

CAPÍTULO 9

Sistemas de tratamento de ar à base de radiação ultravioleta e de gás ozônio

Falamos bastante sobre os aspectos de qualidade de ar, alguns dos principais agentes de contaminação dos ambientes e o papel dos elementos filtrantes para garantir boas condições em ambientes internos.

No entanto, com o tempo, novas pesquisas e o desenvolvimento de tecnologias trouxeram para o mercado processos complementares de tratamento de ar. Neste capítulo, vamos falar sobre dois deles: sistemas à base de radiação ultravioleta e sistemas à base de gás ozônio.

Sistemas à base de radiação ultravioleta

James Clerk Maxwell foi um dos mais notáveis cientistas do século XIX, por causa de suas pesquisas e publicações sobre o comportamento de campos elétricos e magnéticos e seus impactos na projeção de luz, da visão e das cores. Ele foi o primeiro a demonstrar que a oscilação de uma carga elétrica dá origem a campos magnéticos. Foi quem comprovou, em 1849, que qualquer cor pode ser obtida por meio da mistura das cores primárias vermelho, verde e azul, o famoso sistema RGB (*red, green, blue*).

Ao aprofundar-se nos estudos dos campos eletromagnéticos, formulou as equações que mostravam como as ondas eletromagnéticas se comportavam em relação a esses campos – essas demonstrações ficaram conhecidas como as equações de Maxwell. É graças a essas pesquisas que conseguimos escutar uma estação de rádio, assistir à TV ou fazer pipoca no micro-ondas.

Maxwell afirmou que a luz corresponde a uma pequena parte do espectro de ondas eletromagnéticas existentes, o que é fácil de ser entendido quando enxergamos a luz do sol. Mesmo sem ter nenhum material de reflexão no meio do caminho, a luz viaja longas distâncias porque ela é uma onda e por causa do vácuo do espaço.

As ondas eletromagnéticas podem ser representadas por faixas de frequência, ou comprimentos de onda. De todas elas, apenas uma fração muito pequena dos espectros conhecidos são visíveis a olho nu. A figura 9.1 ajuda a correlacionar as grandezas da luz.

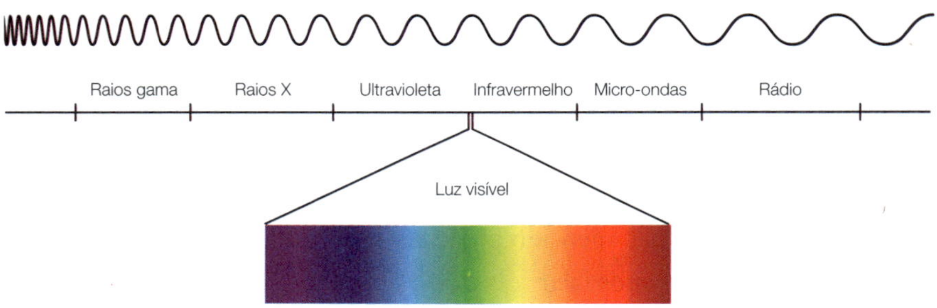

Figura 9.1. Faixa do espectro visível

Maxwell conseguiu explicar cientificamente algumas observações que já haviam sido feitas décadas antes por outros cientistas. Em 1800, *sir* Frederick William Herschel – o homem que, em 1781, "apenas" descobriu o urano – estudou a quantidade de calor que passava por filtros de cores diferentes. Ao encontrar evidências de que havia diferenças de temperatura em função da cor do filtro, ele decidiu verificar se a própria luz, emitida em cores diferentes, apresentava essas características.

Quem já viu a capa do disco *The dark side of the moon*, do Pink Floyd, sabe que uma luz, quando lançada sobre um prisma, acaba se projetando dividida, fracionada, entre os diversos comprimentos de onda. Maxwell decidiu medir a temperatura das superfícies atingidas por essas diferentes ondas com a ajuda de termômetros em cada faixa do espectro de luz. Ele descobriu que as temperaturas variavam – assim como no experimento com os filtros – em uma escala crescente, do violeta até o vermelho. Quando vamos comprar uma lâmpada, é comum depararmos com as expressões *luz fria* ou *luz quente*. Na figura 9.1, que detalha o espectro visível de luz, a *luz fria* está mais à esquerda da imagem, e a *luz quente*, mais à direita.

Herschel decidiu usar uma medida de controle a fim de analisar a temperatura dessas cores em relação à temperatura ambiente. Para isso, montou um sistema – muito similar à figura 9.2 – no qual, em tese, o termômetro, identificado com uma seta, seria o controle.

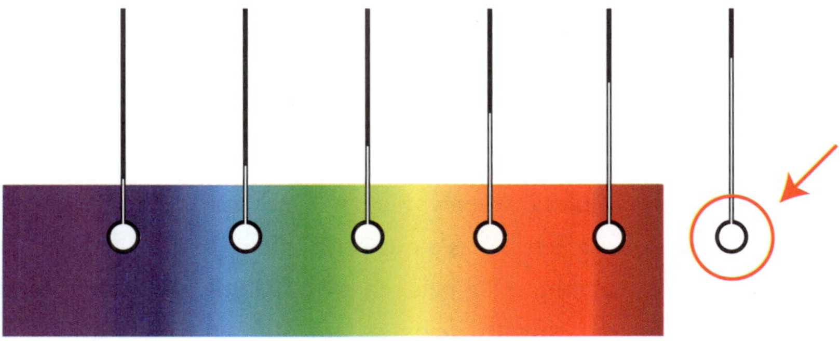

Figura 9.2. Modelo esquemático do experimento de Herschel

Para total surpresa, entretanto, Herschel descobriu que essa leitura era maior do que as temperaturas medidas anteriormente. A conclusão foi de que havia outro espectro da luz, fracionado pela passagem através do prisma, mas que não era visível a olho nu. Essa faixa do espectro – e essa faixa de luz – foi denominada infravermelho (o prefixo *infra* significa abaixo, indicando que sua frequência é menor). Essa descoberta demonstrou que havia luzes que não conseguíamos ver. Motivado pela descoberta, a pergunta óbvia foi: se tem algo além do vermelho, será que tem algo antes do violeta?

Em 1801, Johann Wilhelm Ritter começou essa investigação. Ele estudava os efeitos do cloreto de prata usado em papel fotográfico quando exposto à luz (o papel se torna escuro nessa condição). Ritter, já sabendo que o papel ficava preto mais rapidamente quando exposto às luzes mais próximas do violeta e menos lentamente quando exposto às luzes mais próximas do vermelho, resolveu repetir o experimento do prisma, expondo o papel a luzes além das presentes no arco-íris.

Para a sua surpresa, a região antes do violeta foi o local em que a reação se mostrou mais intensa. Essa luz foi, inicialmente, batizada de raio oxidante, depois de raio químico e, finalmente, raio ultravioleta (ver figura 9.1).

O estudo da radiação ultravioleta (*ultra*, de além) foi tão intenso que resultou na subdivisão da faixa de controle em categorias, conhecidas de qualquer propaganda de protetor solar: UVA, UVB e, a mais voltada para a comunidade científica, UVC.

Os raios UVA têm comprimento de onda entre 315 nm e 400 nm, cuja incidência não é filtrada pela atmosfera, porém, causa danos limitados à saúde. Eles são utilizados em alguns equipamentos luminosos, como os que emitem luz negra. Os raios UVB têm comprimento de onda entre 280 nm e 315 nm. São perigosos, pois causam queimaduras solares e aumentam as chances de danificar o DNA das células dos seres vivos. A atmosfera absorve 95% dessa radiação incidente sobre a Terra, mas o que passa, sob condições de exposição prolongada, pode causar câncer de pele, envelhecimento precoce e catarata. Já os raios UVC têm comprimento de onda entre 100 nm e 280 nm, e são os mais destrutivos, porém, quase totalmente absorvidos pela atmosfera terrestre. Os experimentos realizados já em 1878 demonstraram que, nessa faixa, ele tem efeito esterilizante, matando bactérias. Em 1903, descobriu-se que esse efeito é mais eficaz em ondas em torno de 250 nm, mas atualmente o comprimento convencionado é de 254 nm.

Como funciona esse efeito esterilizante? A radiação penetra na molécula do microrganismo, destruindo seu DNA e impedindo sua reprodução (figura 9.3).

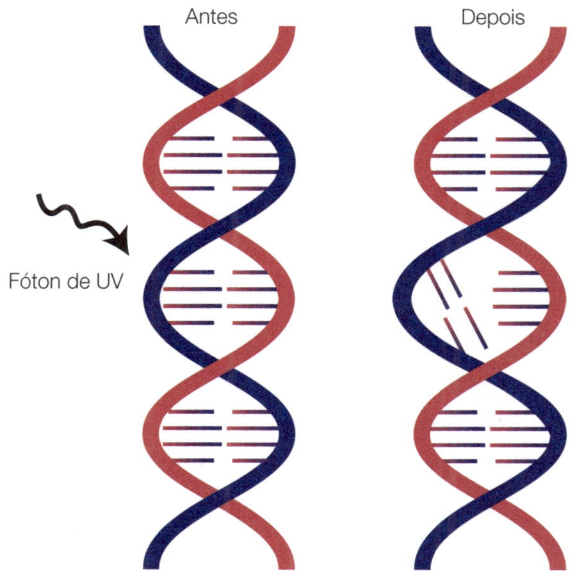

Figura 9.3. Modelo esquemático do efeito do UV ao destruir a molécula de DNA

No século XX, sistemas ultravioletas passaram a ser usados para a esterilização de materiais cirúrgicos e sistemas de ar e tratamento de efluentes e de água.

Nos sistemas de tratamento de ar, a tecnologia mais comumente utilizada é aquela em que uma lâmpada UV é incorporada no interior do equipamento principal de condicionamento de ar. Ao passar pelo campo de radiação, os microrganismos presentes no fluxo de ar são destruídos. O tamanho, intensidade de radiação e tempo de funcionamento variam de acordo com características e condições de operação de cada equipamento.

Os sistemas à base de radiação ultravioleta têm se mostrado muito eficientes, e têm sido cada vez mais utilizados. No entanto, alguns cuidados importantes devem ser tomados ao escolhê-los.

- Lâmpadas UV têm vida útil limitada. Como lâmpadas fluorescentes, seu princípio de funcionamento tem relação com os componentes químicos presentes no seu interior, os quais, sob descarga elétrica específica, produz o espectro de frequência desejado. Há que se monitorar e substituir esses componentes ao término de sua vida útil.

- O comprimento de onda para tratamento de microrganismos é nocivo para a saúde humana. Essas lâmpadas nunca devem ser utilizadas diretamente em ambientes ocupados por indivíduos. Da mesma forma, os operadores e mantenedores dos sistemas de ar não devem ficar expostos à sua radiação. Durante a manutenção ou intervenção desses equipamentos, as lâmpadas devem ser desligadas.
- O manuseio das lâmpadas UV deve ser feito preferencialmente com luvas. As sujeiras e gorduras presentes nas mãos, quando em contato com o bulbo das lâmpadas, pode afetar seu desempenho.
- O descarte de lâmpadas UV deve ser realizado de maneira adequada, em função dos elementos químicos presentes no seu interior. Elas jamais devem ser descartadas junto de resíduos comuns.

Sistemas à base de ozônio

Martin van Marum (médico, naturalista e físico neerlandês) não é associado a nenhuma grande descoberta científica de seu tempo, mas seus estudos e tratados sobre eletricidade, não só em número, mas em variedade, serviram de apoio para diversas pesquisas. Em 1784, por exemplo, van Marum construiu uma máquina eletrostática movida à manivela. Ele foi o primeiro a notar a formação de um "cheiro estranho" ao redor de alguns de seus equipamentos elétricos. Em 1839, esse fenômeno foi registrado de maneira mais formal pelo físico e químico franco-suíço Christian Friedrich Schönbein, que relatou um odor característico que se formava no eletrodo positivo quando ocorria a eletrólise da água, o mesmo odor já percebido quando se produzia um arco elétrico entre dois eletrodos. Schönbein sugeriu que o odor era proveniente de algum tipo de substância química, e atribuiu a ela o nome genérico de *ozone*, que é uma variação da palavra grega *ozein* (odor).

Da mesma maneira que aconteceu durante o entendimento do fenômeno ultravioleta, para compreender esse odor, os cientistas passaram a relacionar a formação dele com as mais diversas aplicações. Entre idas e vindas, identificou-se que esse *ozone* tinha alto poder oxidante, forte o suficiente para romper as barreiras de proteção de bactérias, afetando seu núcleo e as matando.

O elemento, já rebatizado como gás ozônio, passou a fazer parte de estudos-piloto que testavam sua aplicação principalmente em sistemas de tratamento de água, os geradores eletrolíticos.

Geradores eletrolíticos de ozônio usam descarga elétrica na água para separar as moléculas de H_2O em $H_2 + O_2$. Esse O_2 é quebrado em dois átomos de oxigênio, que se combinam com outras moléculas de O_2, formando o O_3. E o O_3 destrói as bactérias presentes no ambiente.

No início do século XX, esse processo era o que havia de mais avançado em sistemas de desinfecção de fontes de água. Em 1906, a cidade de Nice, na França, já possuía usinas de tratamento à base de ozônio e, rapidamente, a solução se espalhou por várias cidades da Europa, crescimento que só foi interrompido com o advento do cloro. As facilidades de aplicação, transporte e manuseio do cloro tornavam a solução muito mais prática do que a do ozônio.

No entanto, após a Segunda Guerra Mundial, sobretudo após os anos 1970, as usinas de ozônio voltaram a ganhar protagonismo em função das descobertas da formação de subprodutos do cloro – como os trialometanos – após sua utilização, os quais são prejudiciais à saúde.

Se por um lado já se sabia nessa época que o ozônio era obtido a partir da água, levou-se um pouco mais de tempo para compreender como é gerado a partir do ar atmosférico.

Observações apontavam que havia duas formas naturais de obtenção. Por meio de raios ultravioleta, com um formato de onda específica como a encontrada na atmosfera (figura 9.4), e por meio de descargas elétricas, similares aos experimentos de van Marum (figura 9.5).

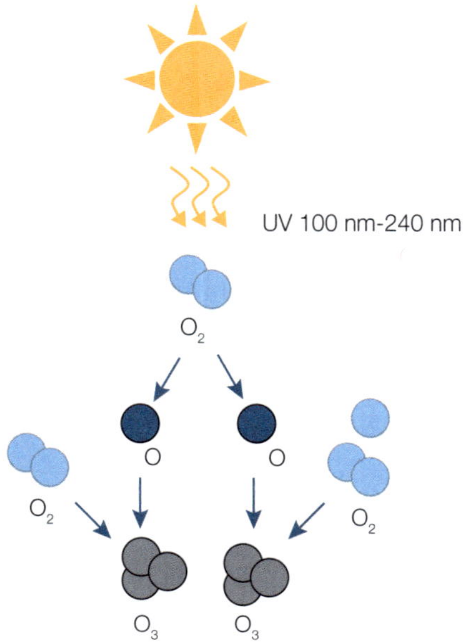

Figura 9.4. Modelo esquemático da formação do ozônio a partir da luz solar

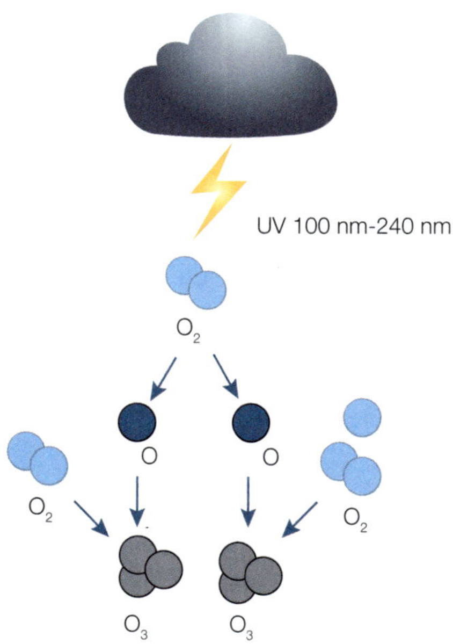

Figura 9.5. Modelo esquemático da formação do ozônio a partir de uma descarga elétrica

Desenvolveu-se a partir dessas observações formas artificiais de se reproduzir o que acontecia na natureza. Vamos explicar como elas funcionam, começando pela reprodução do efeito da luz na estratosfera, com a utilização de lâmpadas ultravioletas.

Vimos que o comprimento de onda de 254 nm é ótimo para efeito esterilizante. A luz ultravioleta a um comprimento de 185 nm (há estudos que falam em 187 nm, mas, repetimos, essa diferença não é relevante) não tem efeito esterilizante, mas favorece a formação do ozônio. Assim, uma lâmpada que emite ondas de luz com esse comprimento, ao ter o ar do ambiente passando pelo seu entorno, precipita a formação de ozônio (figura 9.6).

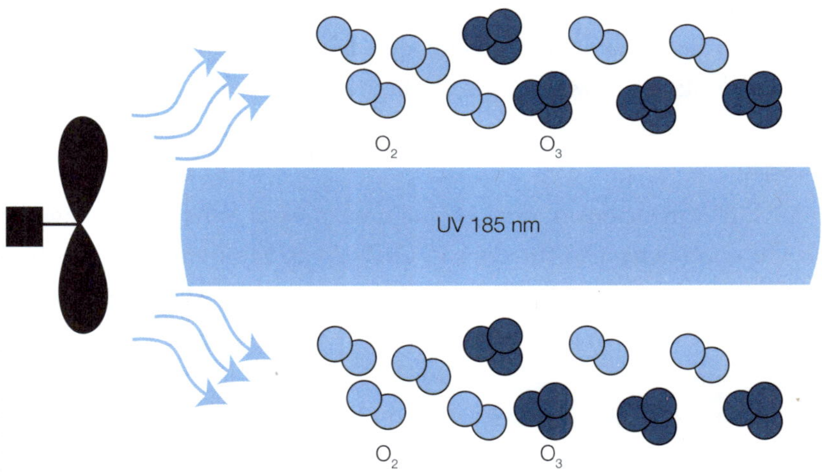

Figura 9.6. Modelo da passagem de ar pela lâmpada UV precipitando a formação de ozônio

A segunda forma imita o efeito da descarga atmosférica, ou descarga de corona. Descarga de corona é uma fagulha difusa que passa através de um dielétrico. Ao atingir moléculas de ar, ela também precipita a formação do ozônio (figura 9.7).

Alta-tensão

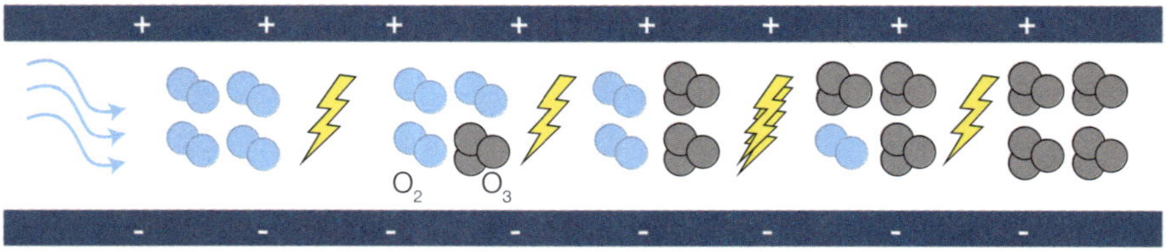

Figura 9.7. Modelo da formação de ozônio por meio de um dielétrico de alta-tensão

Há cuidados que precisam ser tomados na geração do ozônio para tratamento de ar em ambientes. A utilização desse elemento suscita paixões e debates intensos no mercado em geral. Lembremos de seu princípio ativo: a eficácia está ligada ao poder oxidante, que destrói as células das bactérias. Na verdade, ele destrói a estrutura de qualquer coisa. Se atinge bactérias, pode também fazer mal à saúde humana, dependendo da concentração e nível de exposição.

A RE nº 9 menciona o ozônio como uma possível fonte de poluentes químicos, e a norma regulamentadora 15 (NR-15) do Ministério do Trabalho estabelece limites máximos de concentração de ozônio em ambientes ocupados, fixando a taxa em 0,08 ppm para jornadas de trabalho de 48 horas semanais. Mundo afora, existem casos com limites ainda menores. A Califórnia, nos Estados Unidos, e alguns países, como o Canadá, proíbem sua utilização em qualquer tipo de ambiente.

No Brasil, as boas práticas até agora consolidadas no mercado determinam que:

- Sistemas à base de ozônio devem ser usados em ambientes desocupados.
- Sua utilização deve ser restrita em períodos em que a circulação do ar do ambiente a ser tratado está parada, evitando geração excessiva do gás no ambiente.
- O ozônio tem baixa capacidade residual. Excesso de produção é corrigido ventilando o ambiente. Ao ser exposta à luz do sol, a molécula de ozônio é facilmente destruída (figura 9.8).

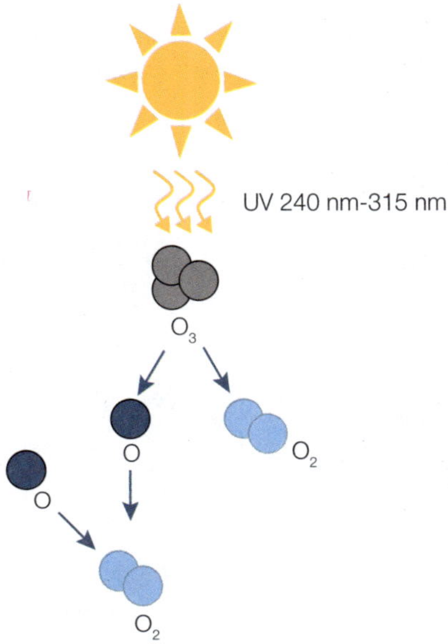

Figura 9.8. Desenho esquemático do fluxo de destruição da molécula de ozônio pela luz solar

Tanto sistemas à base de ultravioleta quanto de ozônio podem ser úteis como tratamento ativo de ar interior, desde que o gestor entenda seu princípio de funcionamento, características e riscos, e que estejam integrados às demais ações de tratamento de ar.

CAPÍTULO 10

Água em sistemas de condicionamento de ar

Já estudamos em capítulos anteriores as oportunidades que a descoberta da água como elemento de troca de calor em sistemas de climatização e condicionamento de ar podem trazer, principalmente em sistemas de grandes proporções. Mas essas estruturas trazem consigo potenciais problemas que precisam ser compreendidos e tratados para que sua instalação tenha *performance* e durabilidade compatíveis com sua aplicação.

Há três grandes grupos de agressores de sistemas à base de água:

- **Corrosão.** É o processo pelo qual a estrutura de um material é danificada por causa da perda de elétrons da sua composição. Há algumas maneiras bem conhecidas de essa perda ser precipitada:

    - pela presença de oxigênio na água;
    - pela presença de materiais diferentes na composição das tubulações dos sistemas (como ferro e cobre, ou cobre e aço);
    - em função do baixo pH da água de circulação no sistema.

- **Incrustação.** É o processo pelo qual materiais sólidos – como areias, argilas e afins – presentes na água se agregam às paredes da tubulação do sistema fazendo com que o espaço por onde a água passa diminua. Com o estrangulamento dessa passagem, a água leva mais tempo para transitar por todo o ciclo, gerando mais esforço e diminuindo o desempenho dos dispositivos.

- **Microrganismos.** Qualquer ambiente em que ocorra a combinação de oxigênio e luz é propício para a formação de microrganismos. Em determinadas temperaturas, essa formação é favorecida, causando o aparecimento de algas e formação de biofilme. A existência de microrganismos nos sistemas de climatização e condicionamento de ar pode propiciar desde entupimento de equipamentos até aceleração de processos de corrosão, além de aumentar a proliferação de bactérias nocivas, como a *Legionella*.

Esses problemas aparecem nas instalações porque estão ligados ao princípio de funcionamento da água dos sistemas. Abordamos nos capítulos iniciais a estrutura das torres de condensação, que são a base de sistemas com condensação a água e que merecem cuidado especial para funcionarem adequadamente.

O princípio por trás da troca de calor das torres de condensação é a água, que é despejada em uma bacia para, em seguida, ser soprada por um grande ventilador. Esse "sopro" resfria a mistura, que volta a circular dentro do sistema. Esse processo é muito intenso; quando o observamos detalhadamente, percebemos que a água é resfriada em sua grande maioria, mas uma parcela pequena é evaporada. Isso não é um problema por si só, pois sistemas preveem a reposição desse volume evaporado por meio de conexões com a rede de fornecimento que mantêm as características do processo.

Vamos fazer um experimento para entender os potenciais problemas da evaporação. Coloque água salgada em uma chaleira – pode ser água do mar ou uma mistura caseira, o importante é que haja bastante líquido – e leve ao fogo. À medida que a água evaporar, adicione mais água salgada, completando o volume inicial colocado na chaleira. Repita o processo de maneira contínua e, se você tiver paciência suficiente, perceberá com o tempo a precipitação de um resíduo branco no fundo da chaleira. Esse resto nada mais é do que o sal presente na água salgada.

Pense em uma situação hipotética em que esse processo é repetido, de forma ininterrupta, por dias, semanas, meses. É quase intuitivo imaginar que, depois de um tempo, haverá mais sal do que água dentro da chaleira. Podemos tranquilamente dizer que a *concentração* de sal dentro da mistura da chaleira, depois de certo tempo do experimento, é maior do que a concentração da mistura original.

Vamos voltar para a situação das torres de condensação. Parte da água é evaporada da mistura que circula pelo equipamento, porém, mesmo a água potável tem diversos outros elementos na sua composição, como magnésio, cálcio, ferro, etc. Quando o H_2O é evaporado, outros elementos permanecem na mistura da água que sobrou, assim como o sal no fundo da chaleira.

Imagine essa torre operando por dias, semanas, meses e até anos. Com o tempo, haverá quantidade significativa desses elementos circulando pelo sistema, em volume muito maior do que o previsto originalmente.

Diante desse cenário, dois grandes problemas podem acontecer, dependendo das características dos materiais em excesso na mistura. São eles:

- Quando os elementos são de origem ferrosa (cloretos ou alguns sulfetos), ao entrarem em contato com o material que compõe a tubulação, favorecem a troca de elétrons, propiciando os processos de corrosão.
- Quando os elementos são originados de cálcio e magnésio, tendem a se sedimentar em pontos específicos do sistema, propiciando o efeito de incrustação.

Há situações em que os dois eventos podem ocorrer de maneira simultânea. Além disso, a incrustação ainda tem outro poder danoso: quando a sedimentação forma superfícies que recebem luz – como as bandejas das torres –, caso estejam contaminadas com microrganismos, eles passam a se multiplicar, formando o biofilme (conjunto de microrganismos emaranhados em uma matriz de polímero aderido a uma superfície).

Elementos como ferro, sulfetos, cálcio e afins podem estar presentes na água. Torres de condensação são o que chamamos de sistemas abertos, ou seja, todo o ar no entorno de sua instalação influencia – em última instância, contamina – a mistura que circula pelo seu interior. Uma torre próxima de estacionamentos, vias de circulação ou garagens certamente será impactada pela fumaça dos veículos. Se estiver perto de uma cozinha ou do exaustor de uma praça de alimentação, as gorduras desse ar influenciarão o ar da torre. Se em seu entorno houver grandes áreas de vegetação ou obras de construção em andamento, matéria orgânica, areia, argila, tudo irá para dentro da mistura.

Para proteger a torre, devem entrar em cena os programas de tratamento de água de sistemas de condicionamento de ar e climatização de ambientes.

Programas de tratamento de água

Agora que compreendemos os contaminantes, impactos e efeitos que a água pode causar em sistemas de climatização e condicionamento de ar, é importante entender os principais componentes que devem formar um programa de tratamento de água.

Há alguns anos, falava-se muito em *produtos* de tratamento de água. Atualmente, fala-se em *programas*. Um programa de tratamento parte do entendimento das condições de instalação e funcionamento dos sistemas à base de água, dos potenciais agentes causadores de contaminação e seus consequentes danos.

A partir dessas variáveis, o programa inclui outros elementos na mistura da água de circulação do sistema para inibir os agentes contaminantes. Esses elementos podem incluir inibidores de corrosão, dispersores de sólidos, biostáticos e biocidas, por exemplo. O mais importante é que as condições da mistura sejam analisadas continuamente, pois os sistemas são dinâmicos e mudanças no fornecimento primário da água, ou até mesmo em alguma condição externa, podem desequilibrar a balança e trazer efeitos contrários aos planejados.

Antes de encerrar este capítulo, vamos chamar a atenção para um ponto muito delicado de potencial dano a sistemas à base de água: a corrosão galvânica.

Corrosão galvânica: cuidados especiais

No início deste capítulo, falamos que o processo de oxidação ocorre quando um material perde elétrons. Isso pode ser causado pela presença de materiais diferentes na composição das tubulações dos sistemas, como ferro e cobre ou cobre e aço.

O processo de transferência de elétrons entre materiais de naturezas diferentes repete o princípio de funcionamento de uma pilha: dois elementos distintos e um meio para condução dos elétrons (no caso das pilhas, são as soluções presentes no seu interior; no caso dos sistemas de condicionamento de ar e climatização, é a água).

As pilhas não são eternas: depois de algum tempo de uso, elas ficam "fracas", "perdem a carga". O que acontece, na realidade, é a redução do fluxo de elétrons em função do equilíbrio que se alcançou entre os materiais de sua composição. No interior das tubulações, ocorre exatamente a mesma situação. Não dá para afirmar que a corrosão cessa depois de um tempo, mas certamente ela diminui a velocidade (pelo menos a relacionada à diferença de materiais).

Há um risco potencial bastante grande em uma situação como essa. Imagine uma instalação existente há anos, com diversos pontos de corrosão, mas que se encontra em estágio de quase equilíbrio entre seus componentes. De repente, você precisa substituir um trecho do sistema, uma parte que acabou se rompendo ou que precisou ser ampliada.

Esse novo trecho será um elemento "virgem" dentro do equilíbrio já existente no restante da instalação. Voltando para a analogia da pilha, é como se tivéssemos um carrinho de controle remoto que funciona com dez pilhas e trocássemos apenas uma. A pilha nova vai perder sua vida útil muito rapidamente, pois ela compartilhará sua carga com todas as demais. É por isso que, em situações em que é preciso substituir apenas um trecho do sistema, às vezes ele é completamente corroído em intervalos muito curtos. Corre-se, inclusive, o risco de essa parte nova ser completamente condenada antes do resto.

Nesses casos, devemos criar artificialmente uma maneira de reduzir a troca de elétrons. A esse processo damos o nome de *passivação*. A passivação de metais é o processo no qual se cria uma camada de proteção nas paredes do tubo, utilizando outra liga metálica que tenha maior estabilidade quando em contato com o fluido que está sendo transportado. A definição de qual é a melhor liga ou o melhor processo depende do que circula no interior das tubulações e das características desse material. Cada caso e cada fluido devem ser avaliados de maneira individual. O processo do aço inoxidável é um exemplo de proteção, no qual adiciona-se cromo para dar maior estabilidade.

O ponto mais importante é que, para novas tubulações, ou até mesmo novos equipamentos, é importante considerar a passivação das ligas metálicas quando inseridas em sistemas preexistentes.

CAPÍTULO 11

O impacto dos vírus e bactérias nas instalações

Praticamente todo gestor de instalações responsável por sistema de climatização e condicionamento de ar já teve que responder como o sistema de ar condicionado está preparado para o surto de uma doença qualquer, como gripe, sarampo ou covid-19.

Agora que já conhecemos tanto os conceitos sobre sistemas passivos quanto ativos de tratamento de ar, temos uma base melhor para essa resposta. Se a instalação possui algum tipo de dispositivo à base de ozônio ou ultravioleta, há, sim, capacidade efetiva de eliminação de microrganismos presentes no ar, de acordo com os princípios descritos em cada um dos sistemas.

Quantitativamente, essas soluções estão presentes em uma parcela muito pequena da base instalada de equipamentos no mercado. É importante observar que sistemas de condicionamento de ar e climatização de ambientes não têm primariamente funções bactericidas, germicidas ou antivirais. Eles não são feitos para eliminar microrganismos. No entanto, mesmo não eliminando os microrganismos, o sistema de ar condicionado tem papel crucial para evitar a dispersão e a proliferação deles em ambientes fechados. Para isso, há três elementos-chave de atuação. Vamos começar abordando dois deles: a eficácia de ventilação do sistema de ar condicionado e os elementos de renovação de ar.

Quando falamos sobre a ventilação do sistema, buscamos uma estrutura de transporte do ar a partir de, e para, as casas de máquinas, de maneira que ela seja forte o suficiente para carregar as partículas em suspensão do ambiente e retê-las na etapa de filtragem, ao mesmo tempo que essa "força" não incomode os ocupantes dos espaços (adiante, apresentaremos exemplos de como uma corrente de vento em ambientes de trabalho pode causar transtornos). Esses fluxos, que envolvem cálculos referentes a pressão estática, velocidade de ar e disposição de dutos, são realizados na elaboração do projeto das instalações.

Já quando falamos sobre elementos de renovação, buscamos equilibrar condições em que haja uma constante admissão de ar externo, evitando a concentração de poluentes oriundos da própria operação do ambiente, uma vez que, conforme já vimos, o ar externo é mais limpo do que o ar de um ambiente fechado. Novamente aqui, os dados e cálculos de projeto devem garantir as condições ideais para o funcionamento adequado.

Mesmo com o projeto já considerando tudo isso, temos que nos preocupar com esse assunto porque, no dia a dia, acabamos interferindo nesse equilíbrio ao realizarmos ações a princípio inofensivas. Por exemplo:

- Mudanças de *layout*, com fechamento ou abertura de paredes. A distribuição dos ambientes é peça fundamental no cálculo das vazões e arrastes do ar interior. Alterações na estrutura do espaço afetam o fluxo e precisam ser consideradas.
- Fechamento de "bocas de ar", com papelão ou por meio de registros, porque "a área X sente mais frio/mais calor do que a área Y". Alterar os pontos de saída também prejudica o equilíbrio de vazões e fluxos.
- Instalação de "novos ramais de dutos" de distribuição, para uma "sala que não tinha ar", sem revisão do projeto. Qualquer alteração no projeto inicial impacta a distribuição dos fluxos.

O ar, então, precisa circular adequadamente para evitar a dispersão e a proliferação de vírus, bactérias e outros microrganismos no ambiente. Mas, quando não temos elementos de destruição desses agentes no sistema de ar condicionado (exceto se for à base de ozônio ou ultravioleta), para nos manter protegidos, entra o terceiro elemento-chave dessa equação: o processo de filtragem.

Vamos discorrer sobre o princípio ativo dos elementos de filtragem em sistemas de condicionamento de ar e climatização e como ele protege a nossa saúde. No capítulo 7, apresentamos as dimensões de alguns elementos, como esporos (10 μm e 30 μm), bactérias (0,4 μm e 12 μm) e vírus (0,005 μm e 0,1 μm). Então, para um filtro bloquear a passagem de vírus, basta que retenha partículas a partir de 0,005 μm, correto? Na teoria, sim, mas, na prática, isso é inviável. Caso existisse uma trama de dimensões tão pequenas, ela seria tão adensada que sequer permitiria a passagem do ar. Para se ter uma ideia, filtros Hepa (do inglês, *high efficiency particulate arrestance*) – utilizados em centros cirúrgicos, salas limpas e aplicações que precisam ter o máximo de controle de material particulado no ambiente – têm eficácia de filtragem para partículas acima de 0,3 μm. Além disso, a maioria das instalações não utiliza equipamentos com filtros tipo Hepa, porque, para vencer a resistência de uma trama tão fechada, seriam necessários ventiladores muito potentes, o que inviabilizaria financeiramente o projeto.

Os microrganismos, para se locomoverem, precisam estar agarrados a alguma partícula que é transportada de um lugar para outro. Uma pessoa gripada não passa o vírus para outra porque o vírus simplesmente deu um salto, mas porque ela espirrou, e alguma gotícula de água, contendo o vírus, passou de um corpo para o outro.

Na atmosfera, cerca de 98% das partículas têm tamanho médio maior que 2 μm (ver tabela 11.1). Dessa forma, apesar de não precisarmos barrar o vírus ou a bactéria de forma isolada, se bloquearmos o veículo que ele usa para transporte, estamos sendo igualmente eficientes.

Tabela 11.1. Volumes das partículas no ambiente

TAMANHO MÉDIO DA PARTÍCULA (μm)	NÚMERO RELATIVO DE PARTÍCULAS (%)	VOLUME (%)
20	0,005	28
7,5	0,166	52
4	0,252	11
2	1,08	6
0,75	6,32	2
0,25	92,175	1

A tabela 5.2, apresentada anteriormente, mostra as classes de filtragem na NBR ISO 16890. As aplicações mais comuns são projetadas para classes de filtragem PM10. Mesmo os filtros "convencionais" são muito eficientes na retenção de partículas pequenas, não só por sua capacidade direta relacionada ao tamanho das tramas, mas também em razão dos mecanismos de filtragem e do comportamento das partículas. Uma partícula não fica necessariamente presa tentando passar por um buraco que é muito pequeno. Em vez disso, enquanto está "tentando" navegar através de camadas do meio filtrante, uma partícula pode ficar ligada a uma fibra por diferentes efeitos. Em um filtro de ar, o caminho que o ar percorre é chamado de linha de fluxo, e uma partícula transportada pode ou não ficar presa, em geral em função do seu tamanho, nessa linha de fluxo.

Existem quatro princípios básicos de filtragem em um sistema de climatização e condicionamento de ar, conforme apresentado a seguir.

- **Efeito peneira:** talvez o mais fácil de ser visto. O filtro tem trama menor do que o tamanho da partícula, que fica retida (figura 11.1).

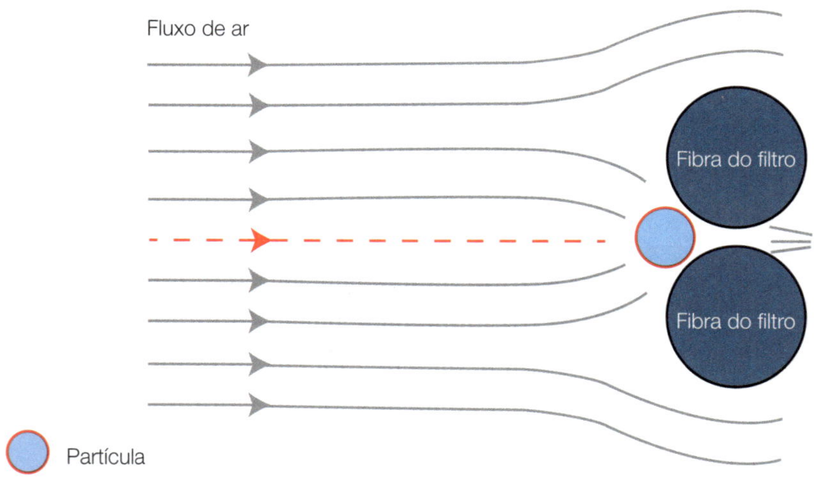

Figura 11.1. Filtragem por efeito peneira

- **Efeito inercial:** a partícula carregada pelo fluxo de ar não se desvia da mesma maneira que o ar por causa do efeito inercial. Ao não conseguir mudar o curso, ela se choca com a fibra do filtro, ficando retida (figura 11.2).

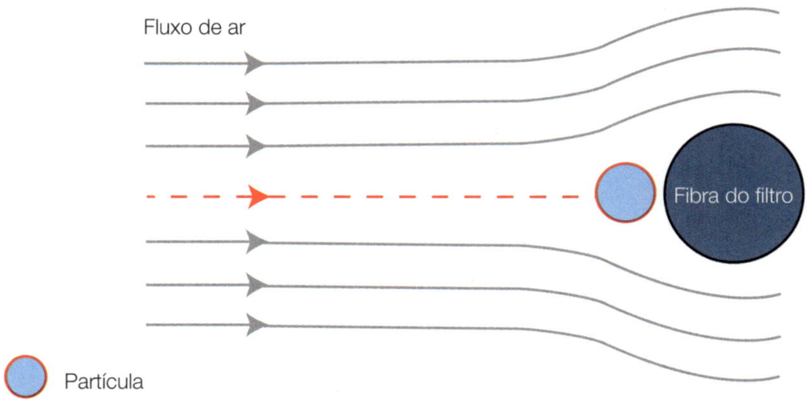

Figura 11.2. Filtragem por efeito inercial

- **Intercepção direta:** é o processo mais apropriado quando a partícula é menor do que a trama do filtro (não foi retida pelo efeito peneira) e conseguiu acompanhar a linha de fluxo (não foi retida pelo efeito inercial). Nesse caso, o formato e a composição das fibras são produzidos de tal modo que essa partícula, ao se aproximar do filtro, acaba se "agarrando" às fibras, ficando retida (figura 11.3).

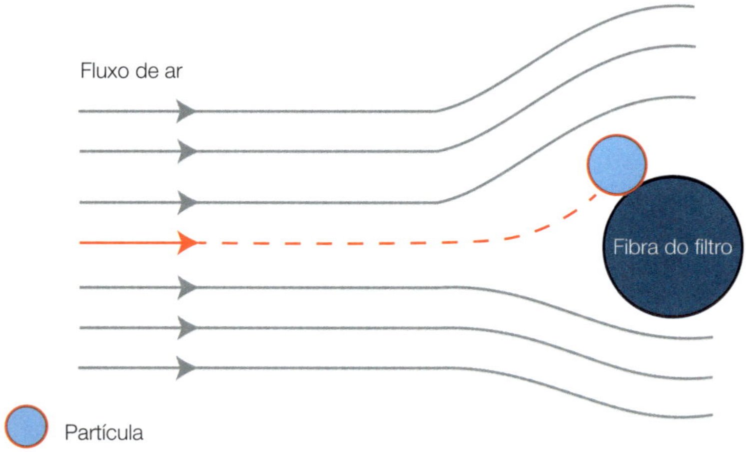

Figura 11.3. Filtragem por intercepção direta

- **Difusão browniana:** o século XIX foi intenso em estudos e descobertas sobre muito do que sabemos sobre o universo de climatização e condicionamento de ar atualmente. Em 1827, o biólogo escocês Robert Brown observou a suspensão aquosa de grãos de esporos e pólen de musgos por meio de um microscópio. Ele notou que pequenas partículas presentes em partes dos pólen executavam pequenos movimentos, aparentemente aleatórios. Inicialmente, Brown imaginou ter encontrado uma nova forma de vida, mas testemunhou esse mesmo fenômeno em partículas de pó.

  Em 1880, Thorvald N. Thiele foi o primeiro a tentar descrever a matemática por trás do chamado movimento browniano – em homenagem a Robert Brown. Em 1905, Albert Einstein publicou um artigo explicando em detalhes como o movimento observado estava relacionado ao efeito de transporte.

  Esse *movimento de transporte* faz com que uma partícula muito pequena – que não foi retida pelo efeito peneira e seguiu o fluxo de ar, e portanto não realizou o efeito inercial nem tampouco foi atraída pela intercepção direta – eventualmente se choque com alguma parte do filtro pela aleatoriedade de sua trajetória.

Já foram observados casos em que a partícula, mesmo tendo ultrapassado o corpo do filtro, acabam retornando e se prendendo ao material em função do movimento browniano (figura 11.4).

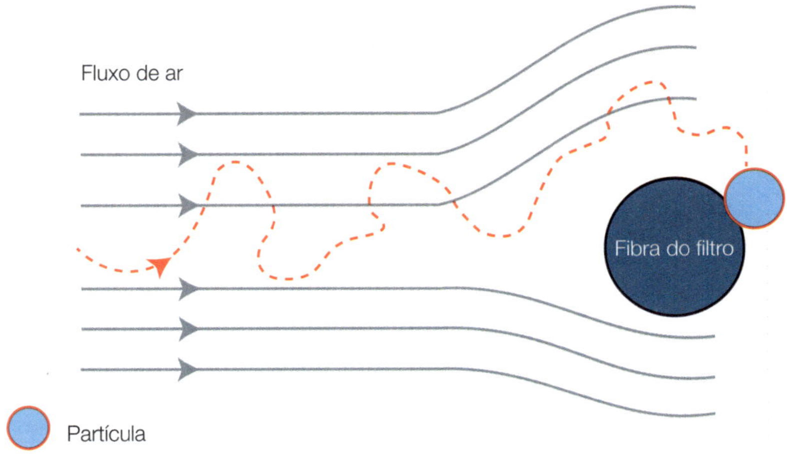

Figura 11.4. Difusão browniana

A soma de todos esses elementos, associada aos cuidados com a ventilação e a renovação de ar, torna o processo de condicionamento de ar e climatização de ambientes muito seguro para a saúde humana.

Em teoria, as partículas com os microrganismos retidas no filtro ainda têm potencial contaminante, no entanto, bactérias e vírus têm baixa resistência ao ambiente externo e, mesmo quando sobrevivem, nem todo grupo se torna um contaminante viável. O maior risco ainda é a contaminação de uma pessoa para outra. A operação de remoção, manuseio e descarte de filtros de ar deve ser feita de maneira segura e adequada, evitando exposições indevidas dos operadores aos potenciais agentes contaminantes ainda presentes no material e agressões ao meio ambiente.

Agora que avançamos muito no entendimento de como o sistema de ar condicionado ajuda a combater microrganismos, vamos falar sobre a *Legionella*, que é motivo de grande preocupação em sistemas de refrigeração.

Legionella

A *Legionella* é uma bactéria que pode ser encontrada em reservatórios de água, sejam eles naturais ou artificiais, como reservatórios de água quente e fria, sistemas de aquecimento e umidificação, torres de condensação, fontes ornamentais e eventualmente até banheiras de imersão. A transmissão não ocorre de pessoa para pessoa, mas pela inalação de partículas de água contaminadas suspensas no ar.

Uma vez no organismo, a *Legionella* ataca o sistema respiratório, causando potenciais quadros de pneumonia grave com possibilidade de evolução para sepse, principalmente em indivíduos com imunodeficiência. Isso ocorre porque, quando o corpo enfrenta uma infecção, ele gera uma resposta inflamatória que pode levar a algumas complicações. São a essas complicações que se dá o nome de sepse, popularmente conhecida como infecção generalizada.

A União Europeia classifica a *Legionella* como o agente patogênico aquático com maior impacto na saúde; nos Estados Unidos, há uma constante preocupação com sua incidência. No Brasil, não escutamos muito falar sobre ela.

De modo geral, a *Legionella* é encontrada em biofilmes, mantendo-se aderida principalmente a superfícies de reservatórios de água, tubulações, filtros de piscina, chuveiros ou qualquer outro equipamento que possa ter contato permanente com água. Mas sua proliferação se dá em condições muito específicas, em que um conjunto de fatores precisar estar em curso, simultaneamente, para que ela se torne uma ameaça. São eles:

- O ambiente precisa ter baixa circulação de água, como reservatórios ou tubulações em que ela fique parada por muito tempo.
- As temperaturas desse ambiente precisam estar entre 20 °C e 45 °C, sendo que a medida ótima é entre 35 °C e 45 °C; fora desse intervalo, a *Legionella* morre.
- Deve haver presença de outros microrganismos no ambiente, como algas, amebas e protozoários, situação que acontece em ambientes com água não tratada ou tratamento inadequado.
- As instalações devem apresentar corrosão ou incrustação (ferrugem, por exemplo), onde a bactéria pode se desenvolver.

Assim, o clima brasileiro acaba ajudando substancialmente na prevenção da *Legionella*. É difícil imaginar uma situação em que a temperatura da água parada se mantenha no intervalo ótimo de proliferação da bactéria (entre 35 °C e 45 °C), pois quase não há esse tipo de situação. Nossos chuveiros ou torneiras de água quente funcionam, em sua maioria, por sistemas elétricos – em que o aquecimento se dá instantaneamente – ou por aquecedores de passagem – que cortam o aquecimento assim que a utilização é interrompida.

Torres de condensação, além de também serem agentes eliminadores de microrganismos, funcionam com água em constante movimentação e com temperaturas variando entre 28 °C e 32 °C. Mesmo nas regiões mais quentes do país e se a água permanecer parada, dificilmente o calor do ambiente é suficiente para manter essa temperatura de maneira natural. Os principais casos de surto da doença nos Estados Unidos e na Europa apareceram no alto verão, em locais com variações maiores do que as percebidas no Brasil.

Além disso, a simples manutenção, garantindo as condições mínimas de qualidade da água – especialmente cloro residual –, bem como a higienização constante de reservatórios costumam ser suficientes para manter a *Legionella* sob controle. A análise constante e sistemática da água tende ser a garantia final de segurança das instalações.

CAPÍTULO 12

Sistemas de gestão, automação e inteligência

Cada vez mais o mercado de facility management tem buscado ferramentas de gestão, inteligência e automação para otimizar os custos, aumentar a previsibilidade de falhas e melhorar a experiência de usuários, e os sistemas de condicionamento de ar e climatização de ambientes estão relacionados a tudo isso.

A automatização desses processos facilita a gestão, entretanto, um processo de transformação digital é longo e muitas vezes caro, sobretudo se mal planejado. Neste capítulo, vamos compartilhar algumas experiências sobre formas de trilhar essa jornada, evitando erros conhecidos e previsíveis.

Sistema de gestão (CMMS)

Computerized maintenance management system, ou CMMS, é o nome dado aos *softwares* que fazem a gestão de serviços de forma geral. Pode parecer óbvio, mas ter um sistema que controle o parque de equipamentos, bem como os aspectos de manutenção preventiva e corretiva, deve ser o primeiro passo de uma jornada que vise à digitalização de atividades de climatização e condicionamento de ar.

Há ofertas disponíveis no mercado para todas as necessidades e bolsos, e, não raro, podemos nos perder no excesso de recursos e funcionalidades que as diversas plataformas oferecem. No nosso entendimento, um CMMS deve ter as seguintes funcionalidades básicas:

- Cadastro de ativos e equipamentos.
- Criação de rotinas de manutenção para os ativos e equipamentos.
- Programação automática das rotinas ao longo do tempo.
- Registro de ocorrências corretivas ou emergenciais.
- Definição de tempos de atendimento (SLAs) para cada natureza de ocorrência.
- Registro da execução de atividades.
- Controle de todas as tarefas, sem uso de papel.
- Gestão de indicadores de *performance*, entre eles, no mínimo:
    - tempo médio para início de atendimento;
    - tempo médio para término de atendimento;
    - percentual de atividades realizadas dentro do tempo de atendimento (SLA) definido.
- Ferramenta para envio e recebimento de informações diversas de sistemas externos. (No final deste capítulo, vamos falar por que esse é um requisito importante.)

É bastante provável que qualquer plataforma de mercado cumpra bem essas tarefas. O ponto de atenção é: quão amigáveis são as telas e interfaces para realizar essas operações. Se o sistema deixar você confortável com a forma com a qual as questões são tratadas, provavelmente você fez uma boa escolha.

Vamos, então, subir degraus nessa escalada, falando de sistemas de inteligência e automação.

Sistemas de automação individuais

Agora, vamos falar de um primeiro nível de controle e automação de sistemas de condicionamento de ar e climatização de ambientes. Abordaremos as possibilidades que podem ser extraídas de controles individuais de automação, que além de serem simples e relativamente baratos de serem implantados, também trazem benefícios de maneira quase imediata para qualquer operação. Se você não pode pular direto para um BMS (trataremos disso em outro tópico mais adiante), o sistema de automação individual é um degrau bastante interessante de subir.

Controladores de horários

Se o sistema de climatização e condicionamento de ar não tem nenhum dispositivo que controle o horário em que ele deve ser ligado e desligado, esse é um bom parâmetro para começar a automatização.

Não importa o tamanho do sistema. Um *timer* pode ser um grande aliado na gestão de energia e no combate ao desperdício. O simples fato de evitar que, por descuido do usuário, todo um sistema fique ligado durante a noite, já vale o investimento.

É claro que, quanto menor o equipamento, mais tempo leva para o retorno do investimento. No entanto, alguns splits de maior capacidade, self-contained e fancoils são fortes candidatos para receberem *timers*.

Termostatos digitais

Sendo o coração do acionamento e operação dos sistemas de condicionamento de ar, os termostatos podem ter papel importante no grau de eficiência e automatização de sistemas.

Muitos equipamentos antigos ainda têm componentes imprecisos para controle de temperatura, usando basicamente dispositivos que giram de um lado para o outro em busca de "mais ou menos" frio. Nesse caso, considere a substituição dos equipamentos por modelos digitais.

Há dois aspectos muito importantes para se preferir a adoção de termostatos digitais. Primeiro, maior precisão no controle de acionamento e desligamento dos sistemas: é mais fácil definir intervalos de operação quando temos exatamente a indicação, no dispositivo de controle, de qual temperatura estamos programando e qual é a temperatura atual no ambiente. Segundo, o aspecto educacional para os usuários: ao mostrar a condição exata do ambiente em determinado momento, reduz-se de maneira significativa as reclamações sobre se o ambiente está muito frio ou muito quente que tanto incomodam a vida de gestores.

Potencialmente, há benefícios complementares ao fazer essa mudança. As tecnologias por trás desses aparelhos têm evoluído bastante, incorporando camadas de inteligência no termostato, os chamados sensores inteligentes. Esses dispositivos têm a capacidade de registrar o comportamento dos usuários analisando alguns dados quando é feito o acionamento e o controle da temperatura do ambiente, e aprender com esses registros.

Imagine que você chega ao escritório todos os dias por volta das 8h30 e liga o ar-condicionado na temperatura de 23 °C. Às 10h, aumenta um pouco a velocidade da vazão, pois a temperatura externa aumentou. Por volta do meio-dia, ao sair para almoçar, desliga o sistema. Ao retornar, às 13h, depois do almoço e de ter feito uma caminhada, ajusta o *setpoint* para 21 °C, na ventilação mais rápida. Por volta das 13h30, com o ambiente já climatizado, retorna a regulagem para 23 °C. No final do expediente, por volta das 18h, antes de ir embora, desliga totalmente o sistema.

Imagine que essas ações são repetidas diariamente. Os termostatos inteligentes têm a capacidade de "aprender" essa dinâmica (veremos mais detalhes a seguir, no tópico sobre o *machine learning*), passando a realizar os comandos de maneira automatizada. O ponto-chave desses dispositivos é a previsibilidade e a redução da intervenção humana no processo. Começamos aqui a tatear elementos de inteligência que podem ser instalados nesses sistemas.

Válvulas de fluxo

Nesse ponto da jornada, já temos um sistema de gestão de operação implantado, com *timer* nos principais dispositivos e termostatos digitais. Se o sistema de ar condicionado é do tipo à água, com chillers, agora é necessário verificar o controle das válvulas de fluxo, ou válvulas de água gelada, nos pontos de consumo (fancoils, fancoletes e splits à água).

Vimos anteriormente como funciona um sistema desde o fancoil até a torre de condensação. Vamos agora analisar uma parte específica desse processo (figura 12.1).

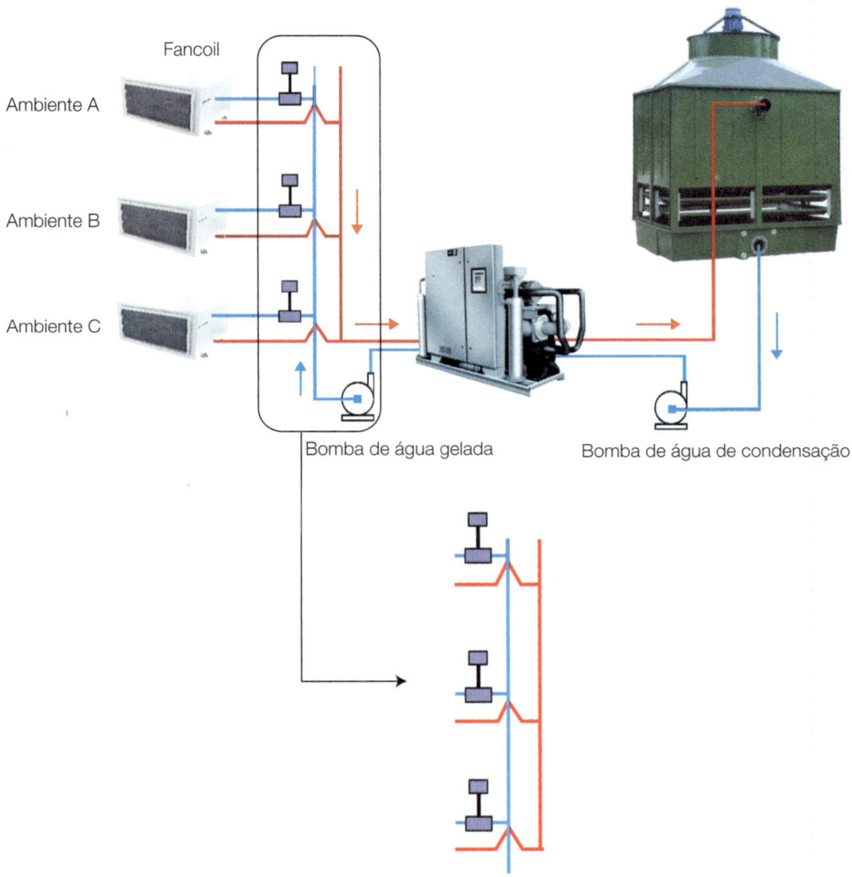

Figura 12.1. Detalhe da conexão de fancoils à tubulação de água gelada

Perceba que cada equipamento é conectado à tubulação principal, desviando parte do fluxo de água gelada para alimentação do sistema. Essa conexão é regulada por válvulas, que permitem maior ou menor passagem de água gelada, de acordo com o comando recebido pelo aparelho.

Em teoria, essas válvulas estão conectadas com sensores de temperatura, os termostatos. O princípio é básico: se o ar de retorno está mais quente do que o definido como faixa de ajuste, a válvula deve liberar mais água para que a troca de calor seja maior com o ar do ambiente.

O que acontece em muitos casos é que essas válvulas são negligenciadas. Não é raro encontrarmos sistemas em que os controles de automação das válvulas operam de maneira indevida, sem falar nas instalações que possuem dispositivos manuais.

Há uma tendência de que esteja circulando por dentro das unidades evaporadoras uma quantidade de água desnecessária, ocasionando a perda de calor e forçando os chillers a trabalharem mais tempo para esfriar novamente essa água. Multiplique isso considerando um parque grande de máquinas, composto de diversas unidades evaporadoras, que funciona muitas horas por dia. No período de um ano, jogamos uma pequena fortuna em energia elétrica pelo ralo, isso sem contar o desgaste prematuro que impomos a diversos componentes do sistema. Quanto mais horas os compressores funcionarem, maior deverá ser a frequência de manutenção, troca de componentes e até reformas completas do equipamento (o famoso *overall*).

É necessário atenção ao que está acontecendo no equipamento, e é importante lembrar que há diversas maneiras de otimizar e prolongar a vida útil desses dispositivos.

Monitoramento de chillers, centrífugas e torres de condensação

Diversos equipamento de grande porte, sobretudo chillers, centrífugas e, em alguns casos, até torres de condensação, instalados a partir de 2010, disponibilizam um recurso muito pouco explorado por gestores: interfaces de comunicação, seja por meio de conectores de rede, tipo RJ45, ou entradas seriais.

É interessante perguntar ao fornecedor se há algum tipo de interface gráfica que acompanha o equipamento. Não raro, descobriremos uma forma de monitorar os parâmetros de funcionamento diretamente de sua central de operações ou de uma mesa de *help desk*.

Essas interfaces são um avanço significativo, a baixo custo, que as empresas colocaram à disposição dos gestores de facility e de propriedades e que podem facilitar a operação do dia a dia. Em alguns casos, elas permitem inclusive ajustar alguns parâmetros operacionais, como *setpoint* de temperatura dos equipamentos, controle de horários de liga e desliga, rodízios de dispositivos (bomba, chillers, etc.) e até detecção de falhas com bastante antecedência. Alguns desses sistemas têm a opção de disparar alarmes em caso de anomalias.

Ter conhecimento prévio de potenciais problemas pode economizar muitas horas de parada indesejada de máquinas na rotina das operações. É importante, portanto, explorar os sistemas e a infraestrutura da instalação a fim de verificar quais dispositivos têm essa funcionalidade, e começar a montar imediatamente o centro de operações.

Sistemas de BMS

As soluções apresentadas até o momento representam um avanço importante em boa parcela das instalações presentes atualmente no mercado, mas elas devem ser tratadas como um passo intermediário na jornada de transformação digital, e não como um fim.

Apesar de tatearmos os princípios de inteligência, automação e afins, os sistemas de climatização e condicionamento de ar ainda demandam muita ação manual e dependem significativamente de pessoas nas ações do dia a dia. No entanto, garantir as consistências dessas atividades é mais difícil quanto maior for a instalação.

Um BMS, ou um sistema de gerenciamento de edificações, tem a premissa de concentrar em uma interface centralizada, preferencialmente gráfica e amigável, a gestão de diversos elementos presentes em uma edificação, como aquelas salas de controle que vemos em filmes. O BMS é um grande centro de inteligência que, de maneira organizada, sistemática e consistente, analisa os dados cruciais de funcionamento de qualquer sistema, alertando, sobretudo, em casos de desvios, possibilitando que ações corretivas sejam iniciadas rápida e assertivamente. Não há limites para o que se pode incorporar em soluções dessa natureza.

No início dos anos 2000, instalar um sistema que pudesse controlar, a distância, o funcionamento e a operação de uma infraestrutura demandava investimento e estrutura física colossais. Para piorar, as soluções eram todas fechadas (um equipamento da empresa X não funcionava com dispositivos da empresa Y), e toda e qualquer alteração, inclusão ou supressão de itens dependia do fabricante. Quase todo mundo tem uma história triste para contar envolvendo sistemas de automação. Manter um BMS ativo era quase uma profissão de fé.

O mercado foi evoluindo e, com o tempo, controladoras mais inteligentes passaram a surgir. Ao mesmo tempo, a revolução tecnológica presenciada na última década também jogou nova luz sobre o setor, e os fabricantes responderam à altura. Atualmente, o emaranhado de fios, as controladoras e os sistemas que eram necessários para se operar um chiller foram substituídos por conectores de rede ou interfaces lógicas que são comuns a todo tipo de equipamento.

As interfaces de controle – o *software* que o fabricante fornece – também evoluíram. As soluções individuais, proprietárias, de protocolos fechados, continuam existindo, mas empresas especializadas em sistemas BMS remodelaram suas plataformas de maneira que qualquer dispositivo, respeitadas as regras de comunicação e envio de dados, pode ser controlado por uma única interface, independentemente de quem seja o fabricante do equipamento que se quer administrar.

Fazendo uma analogia, é mais ou menos o que aconteceu com os caixas eletrônicos. Antigamente, seu cartão só funcionava no caixa eletrônico da rede do seu banco; hoje, o quiosque dedicado apenas a uma instituição financeira praticamente não existe mais, pois deu lugar a postos genéricos, os bancos 24 horas, nos quais o cartão de diversos bancos funciona.

Existem tantas opções e modelos de negócio no mercado para embarcar em um processo de implantação de um BMS que escolher entre uma solução ou outra pode ser uma tarefa bem complexa. Portanto, em vez de definir *o sistema*, ou *a solução*, o caminho que sugerimos é que se defina *o que* deve ser controlado e que nível de atuação se quer ter no equipamento remotamente.

Vamos dar algumas dicas de como estruturar essa tomada de decisão indicando os pontos mínimos recomendados. Como já falamos, não há limites para o que se pode fazer com os sensores e dispositivos atuais, porém, há que se entender que quanto mais recursos, maiores são os investimentos necessários.

Equipamentos que podem ser controlados

Para a tomada de decisão sobre onde focar os recursos em um processo de automatização, é recomendado considerar sua importância e consumo de energia em relação a todo o sistema.

- Priorizar chillers, centrífugas e torres de condensação, incluindo suas bombas de circulação.
- Na sequência, optar pelos equipamentos que tenham acima de 10 TRs e, depois, os acima de 5 TRs.
- Em relação aos equipamentos menores, priorizar os que atuam em ambientes críticos, como *data centers*, laboratórios ou locais que precisam funcionar sob temperatura bem específica.

Funções

Entre as funcionalidades a se operar remotamente, as descritas a seguir podem trazer as melhores soluções de custo-benefício para a instalação.

- Ajuste de *setpoint* de temperaturas.
- Função de liga e desliga manual dos sistemas.
- Função de liga e desliga automática, por meio de controle de dias e horários de funcionamento.
- Rodízio automático entre sistemas (bombas, chillers, etc.).

Informações disponíveis

A priorização de informações que devem ser disponibilizadas afeta os níveis de sensores e a infraestrutura necessária em cada componente. A seguir, listamos alguns dados que influenciam o funcionamento do sistema:

- Temperatura do ambiente.
- Temperatura do *setpoint* dos dispositivos.

- Quais equipamentos estão ou não em funcionamento.
- Quais equipamentos estão ou não com defeito.
- Consumo energético dos equipamentos.

Alarmes automáticos

Em algumas situações, vale a pena considerar instalar alarmes automáticos, por exemplo:

- Equipamentos com falha de desligamento.
- Equipamentos com muitas horas ininterruptas de funcionamento.
- Equipamentos com aumento de corrente ou tensão em relação aos parâmetros normais.

Conexão com o CMMS

É altamente recomendável que os alarmes registrados pelo BMS sejam convertidos em dados estatísticos, em informações que possam ser analisadas e processadas sob a ótica da engenharia. Nesse sentido, fazer com que haja uma conexão do BMS com o CMMS trará muitos benefícios no longo prazo.

Uma boa prática recomendada no mercado é que essa implantação seja realizada em ondas. Assim, as equipes operacionais terão maior tempo de adaptação aos novos recursos disponíveis, que certamente demandarão diferentes formas de trabalho e de atuação para manusear os equipamentos. Durante o treinamento, reduza o escopo de conhecimento que será ensinado, isso pode dar uma abertura valiosa de correção de rumo, caso seja necessária, para a expansão do projeto. Do contrário, se o treinamento for realizado de uma vez apenas e na sua totalidade, ele poderá ser perdido.

Machine learning

Com exceção do exemplo dos termostatos inteligentes, todos os demais aspectos discutidos neste capítulo estão reagindo a uma situação já ocorrida.

Ou seja, com base na observação de que ocorreu algum problema, foi informado que há uma falha em curso ou um mau funcionamento. Mas, para prever quando um problema pode acontecer, entram as soluções de *machine learning*.

Machine learning, ou aprendizado de máquina, é uma metodologia de análise de dados que automatiza a construção de modelos analíticos. É uma vertente da inteligência artificial que se baseia na ideia de que um comportamento repetitivo pode gerar padrões, que, uma vez identificados, podem prever determinadas ações.

Vamos pegar como exemplo um eletrodoméstico qualquer, um liquidificador, um aspirador de pó ou uma geladeira, e pensar em quais elementos podem denunciar que esses aparelhos vão quebrar. Normalmente, são detectados aumento no ruído e na vibração ou aquecimento excessivo do equipamento.

Se fosse possível instalar dispositivos que medissem periodicamente o ruído, a vibração e o aquecimento, e colocássemos essas medições em um gráfico, é provável que encontraríamos um comportamento mais ou menos como o da figura 12.2 (para fins didáticos, vamos analisar a medição de temperatura).

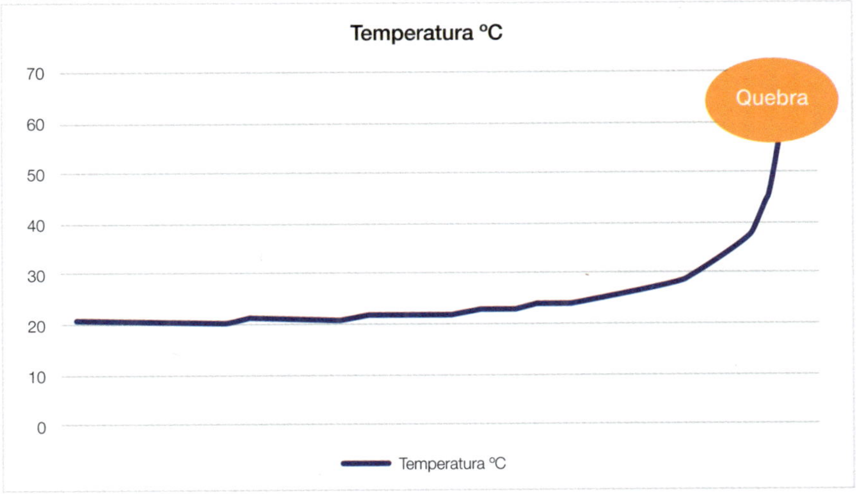

Figura 12.2. Exemplo esquemático da variação de temperatura do equipamento ao longo do tempo

O gráfico apresenta que, durante muito tempo, o equipamento funcionou com uma condição de temperatura constante. Aos poucos ela começa a subir, até que esse crescimento é acentuado a tal ponto que a máquina quebra. No nosso caso hipotético, temos uma condição "normal" de funcionamento em torno de 20 °C, e uma quebra quando chega a 60 °C.

Um sistema de monitoramento tipo BMS pode ser programado para que um alerta seja enviado cada vez que a temperatura chegar, por exemplo, a 35 °C, portanto, acima da condição normal, mas ainda abaixo do ponto de ruptura. Essa informação pode ser de grande valia para indicar falhas e antecipar potenciais quebras.

Um modelo de aprendizado de máquina avança um passo nessa análise. Ele não dispara necessariamente um alarme caso a temperatura atinja o patamar X ou Y. Em vez disso, ele busca compreender o *comportamento* da *variação* da temperatura que gerou a anomalia (ver figura 12.3). No caso anterior, o *machine learning* está mais preocupado em identificar um padrão de aceleração da subida da temperatura, analisando toda a situação em determinado momento.

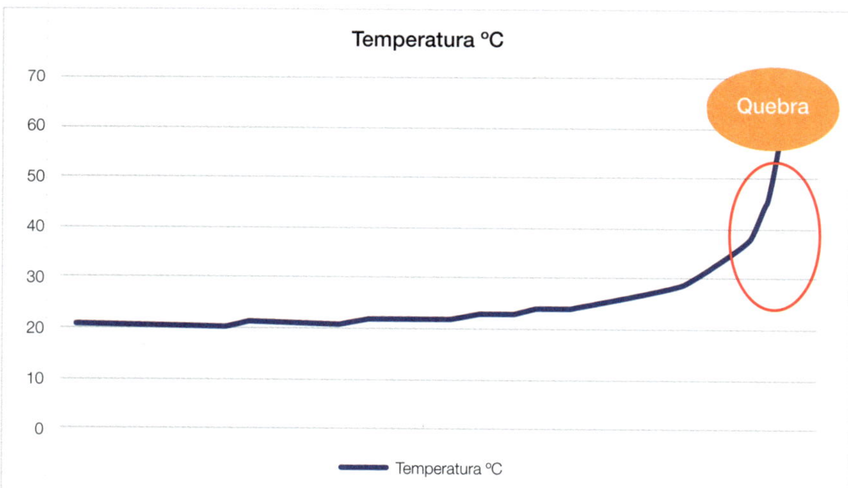

Figura 12.3. Exemplo esquemático do comportamento teórico da variação de temperatura do equipamento antes de um evento de falha

Se o sistema conseguir entender esse comportamento, ele passa a aplicá-lo a qualquer equipamento cujo parâmetro de temperatura está sendo medido.

Ele vai entender que, quando a temperatura está constante, seja em qual nível estiver, essa é uma condição "normal" e que a variação na mesma intensidade da que ele "aprendeu" é um potencial problema.

Quando usamos essa metodologia para todos os nossos equipamentos, deixamos de lado a necessidade de entender se a temperatura normal do equipamento A é 20 °C, ao passo que a do equipamento B é 40 °C, e passamos a definir alarmes individuais para analisar o comportamento das instalações. É uma mudança importante na maneira de gerenciar uma infraestrutura predial.

Alguém pode perguntar: mas o normal que está sendo lido não pode já ter sido afetado por um mau funcionamento? Claro que pode, mas o aprendizado é contínuo. A chave do processo é entender o que medir, como medir e tentar identificar – ou no mínimo informar – o que é uma condição de falha.

Se analisarmos as instalações de maneira geral, fica fácil identificar alguns parâmetros sob os quais poderíamos implementar metodologias de *machine learning* e que poderiam trazer resultados práticos com investimentos muito competitivos, por exemplo:

- Tensão e corrente de funcionamento de motores e compressores.
- Medição de viração de motores.
- Diferencial de pressão de ambientes em relação à presença de filtro de ar.
- Medição de temperatura, umidade, partículas em suspensão e até concentração de CO_2 nos ambientes.
- Nível de reservatório de caixas de compensação.
- Consumo de energia elétrica.

Muitos problemas poderiam ser evitados se aprendêssemos o comportamento desses parâmetros de boa parte dos equipamentos e instalações.

CAPÍTULO 13

Sistemas de condicionamento de ar e consumo de energia elétrica

O conjunto de equipamentos e instalações de soluções de climatização e condicionamento de ar pode responder por uma parcela significativa do consumo de energia de uma edificação. Por isso, compreender profundamente os fatores que influenciam esse consumo pode significar uma diferença importante nos custos operacionais do empreendimento.

Neste capítulo, vamos abordar alguns dos erros operacionais que mais podem fazer mal à conta de energia de uma instalação.

Setpoints de temperatura

Existem diversos ajustes de temperatura em um sistema de ar condicionado que fazem com que seus elementos sejam ligados ou desligados.

O primeiro deles é o *setpoint* de ambiente. Para um ambiente fechado, 23 °C é uma temperatura muito agradável. Pode parecer básico, mas é comum encontrar termostatos ajustados para temperaturas abaixo de 23 °C. Do ponto de vista de eficiência, é algo que consome muita energia desnecessariamente.

Não raro, quando se chega a uma sala, principalmente no verão, há o impulso de querer que o ambiente "esfrie/climatize" mais rapidamente. Para isso, ajusta-se a temperatura para 18 °C ou 19 °C. Vamos desmistificar a primeira lenda: diminuir o termostato não fará com que a sala esfrie mais rapidamente, pois a maior parte dos equipamentos apenas liga ou desliga em função da temperatura de ajuste em comparação com a real.

Além de não surtir nenhum efeito prático, há um problema potencial em se mudar o controle para temperaturas tão baixas. O termostato tem a função de mandar a máquina ligar e permanecer ligada enquanto a temperatura ambiente não alcançar o parâmetro definido. De modo geral, a menos que você esteja em um laboratório ou uma sala cirúrgica, os projetos não preveem que um ambiente seja climatizado até alcançar 18 °C ou 19 °C. Ele vai conseguir chegar, no máximo, a 20 °C, o que já é bastante baixo.

Com o termostato nessa temperatura, ele apenas mantém a máquina trabalhando ininterruptamente, sem nunca chegar no nível que foi definido, e, como consequência, temos um consumo energético muito maior do que o necessário.

Assim, o ideal é criar normativas e maneiras de controle para que os termostatos dos ambientes fiquem fixos nas temperaturas médias estipuladas como de conforto para seus ocupantes, entre 22 °C e 23 °C. O consumo se comportará de forma muito mais coerente com esse ajuste.

Horários de funcionamento

Já abordamos, em outros capítulos, a importância de se controlar o horário de funcionamento dos sistemas de ar condicionado. Não há desperdício maior do que deixar um equipamento ligado quando não há ninguém no ambiente. No entanto, há outro tipo de desperdício, em geral esquecido, e que deve ser cuidadosamente observado: um mesmo ambiente operar em padrões muito distintos.

Por exemplo, imagine que você administra uma central de atendimento com cem, duzentos operadores durante o dia, em horário comercial, e apenas cinco, dez pessoas à noite. Para garantir o condicionamento de ar para essas dez pessoas, você precisa deixar ligado o mesmo aparelho que é capaz de operar quando o escritório está cheio? Se respondeu sim, isso pode estar custando muito dinheiro.

A mesma analogia pode ser aplicada a ambientes críticos, como salas de comunicação ou servidores, que precisam trabalhar em certas temperaturas durante 24 horas do dia, mas normalmente eles ocupam espaços muito pequenos.

Se você trabalha com condições como essas, considere criar sistemas complementares e de climatização e condicionamento de ar que sejam acionados apenas quando haja necessidade para aquele ambiente específico ou para um grupo reduzido de pessoas.

Regimes de frequência em bombas, ventiladores e motores em geral

Até há pouco tempo e em grande parte dos motores usados em sistemas de ar condicionado, a operação de uma bomba de circulação de água (seja de água gelada, seja de água condensada) ou do ventilador de uma torre tinha dois regimes de operação: ligado ou desligado. No entanto, cada vez mais têm entrado em cena soluções que fazem leituras em tempo real das condições de funcionamento dos sistemas. Em vez de apenas ligar ou desligar seus componentes, elas regulam o "percentual de funcionamento" em função da necessidade. Pode ser necessário, por exemplo, para garantir a troca de calor adequada na torre de condensação em um dia mais ameno, que o ventilador funcione com apenas metade da sua rotação normal. Menos giro, menos consumo de energia e menos desgaste de seus componentes.

Os dispositivos que podem controlar uma operação dessa natureza são os chamados variadores de frequência. Estudos de viabilidade de implantação desses dispositivos em grandes motores normalmente produzem resultados muito positivos na relação custo-benefício que eles oferecem.

Eficiência das trocas de calor com o ambiente

No capítulo 2, quando falamos sobre troca de calor, convidamos você a pensar sobre alguns potenciais problemas que poderiam afetar o desempenho de sistemas de ar condicionado, como o que pode acontecer se o condensador estiver obstruído, se colocarmos um pano para secar atrás da geladeira, e o que acontece se o evaporador estiver obstruído.

A essa altura da nossa jornada, você já deve ter entendido que situações como as citadas afetam a temperatura e o estado do fluido refrigerante dos equipamentos, o que, por consequência, afeta o desempenho dos sistemas.

Quanto pior for a *performance*, mais as máquinas e seus componentes vão precisar trabalhar para chegar às condições projetadas e instaladas consideradas ideais. Conforme já mencionamos antes, quanto mais trabalho desnecessário, mais consumo energético e mais desgaste.

Queremos chamar atenção para outro tipo de problema que pode levar à mesma consequência. Atenção especial não só com as condições de manutenção dos componentes responsáveis pelas trocas de calor, mas também com os ambientes onde essas trocas acontecem. É preciso muita atenção para que, próximo das unidades condensadoras, não haja obstruções do fluxo do ar ambiente ou das descargas de ar quente, seja de outros processos, seja de outros equipamentos de condicionamento de ar. Muita atenção também com as aletas dos trocadores de calor, especialmente de condensadores, que ficam expostos ao tempo. O excesso de poeira e a ação de chuvas e animais podem obstruir ou amassar seus componentes, o que também afeta o fluxo de ar pelo seu interior.

A posição da unidade condensadora também tem fator de influência nessa equação. Se a descarga de ar quente estiver de frente para um obstáculo – uma parede, por exemplo –, isso vai demandar mais tempo de funcionamento de todo o conjunto e, consequentemente, mais consumo de energia.

Conjuntos inteligentes de compressores e válvulas de expansão

Quando abordamos os sistemas tipo VRF (fluxo de refrigerante variável), falamos de um princípio de funcionamento a partir do qual válvulas de expansão regulam a quantidade de fluido que chega até as diferentes unidades evaporadoras em função das necessidades de temperatura específicas de cada uma. Esse conceito, que surgiu com a operação de equipamentos tipo multisplit, atualmente tem ganhado espaço também em equipamentos de maior capacidade. Não necessariamente regulando refrigerante para várias unidades evaporadoras, mas dentro de um mesmo circuito. Estamos falando de conjuntos de compressor e válvula de expansão que atuam de maneira inteligente e integrada, realizando modulações de seu funcionamento em função da necessidade do sistema.

É o mesmo princípio dos variadores de frequência que usamos de exemplo no caso dos ventiladores das torres de condensação (que permitem que elas girem com metade da sua rotação), porém, com complexidade tecnológica um pouco maior, mas que, no final, produzem o mesmo resultado: compressores operando com apenas parte de sua capacidade total, mantendo a *performance* do sistema adequada à sua necessidade. A dica aqui é: quando substituir um compressor, verifique com o fabricante se já existem modelos compatíveis que permitam essas modulações, fugindo do modelo tradicional de liga e desliga presente na maioria dos sistemas.

A lista de fatores que influenciem o consumo de energia apresentada neste capítulo está longe de ser completa. No entanto, tendo conhecimento desses pontos, há boa chance de o sistema de climatização e condicionamento de ar seguir operando de maneira ótima, sem que se torne um grande vilão do consumo energético da instalação.

CAPÍTULO 14

Problemas que ninguém me contou

Estamos na reta final da nossa jornada de descobrimento sobre os principais elementos que precisam ser avaliados na gestão de sistemas de condicionamento de ar e climatização de ambientes.

Agora, apresentaremos dez dicas rápidas para serem aplicadas no dia a dia na gestão dos equipamentos que não estão escritas em nenhum lugar – ou não estavam até agora. São pequenas coisas que vivenciei ao longo dos anos de experiência profissional e que se tornaram um glossário interessante de conhecimentos, as quais compartilho com o intuito de criar atalhos de investigação para ajudar na solução de problemas.

Vamos fugir do óbvio, de expressões como "equipamento não liga" e "cheque a alimentação elétrica". Vamos falar daquilo que foi aprendido, com base em muita observação – e enfrentamento de problemas – em campo.

1. Manchas brancas em componentes do sistema

Se há um fluido branco escorrendo na bacia das torres de condensação, nas gaxetas das bombas (de condensação), nas colmeias da torre ou na própria bandeja, isso pode ser excesso de cálcio ou magnésio na água.

2. Filtros tipo Y com lodo

Ao abrir um filtro Y de um fancoil ou de bombas, nota-se uma incrustação, uma espécie de lodo na rede de contenção de sujidades. Isso indica excesso de matéria orgânica, de microrganismos na água de circulação.

3. Água avermelhada

Às vezes, ao abrir o filtro, nota-se água com coloração avermelhada saindo do recipiente. Isso pode indicar corrosão no interior da tubulação.

4. Filtro tipo Y entupido ou com muita sujidade

Pode acontecer de, mesmo com os níveis de cálcio, corrosão ou matéria orgânica controlados, os filtros Y frequentemente estarem entupidos. Isso pode ser causado pela presença de resíduos oriundos de intervenções em pontos da rede do sistema de condicionamento de ar.

Há que se tomar muito cuidado quando uma tubulação for "aberta", seja no momento da instalação ou desinstalação de um novo equipamento, seja para reparo pontual de qualquer natureza. Ao "fechar" essa tubulação, é comum que seja necessário algum tipo de trabalho de solda ou o rosqueamento das conexões. É nessa hora que restos do material de solda ou da vedação podem se desprender e passar a circular nos sistemas, indo parar nos filtros.

Quando for necessária alguma intervenção em trechos da tubulação do sistema, é muito importante que o ramal que sofreu a ação seja isolado e que, ao ser reconectado, passe por ele certa quantidade de água, que deve ser drenada antes de se conectar ao restante da rede, como se fosse uma higienização desse pedaço da tubulação. Esse procedimento pode eliminar os resíduos que eventualmente se desprenderam no processo, e evitar muitas dores de cabeça no futuro.

5. Formou-se gelo em componentes internos do ar-condicionado

O aparelho de ar-condicionado não está funcionando e, ao analisar potenciais causas, você encontra gelo em alguns de seus componentes. Há dois principais motivos para esse problema.

Primeiro, é um forte indicativo de falta de fluido refrigerante no sistema. Lembra-se da relação de pressão, temperatura e volume que descrevemos anteriormente? Está tudo relacionado. Com menos fluido no sistema, a pressão é menor, o que diminui a temperatura. A partir de determinado ponto, essa temperatura é tão baixa que há formação de gelo nas paredes externas da tubulação.

Outra condição é quando, simultaneamente, ocorrem as seguintes situações:

- O *setpoint* do termostato está a uma temperatura muito baixa.
- O ambiente onde está a evaporadora não gera carga térmica suficiente para realizar a troca de calor.
- A temperatura externa está muito baixa.

Por exemplo, em uma noite de inverno, alguém colocou o termostato a 16 °C, foi embora do escritório e deixou a máquina ligada. O conjunto desses fatores faz com que a temperatura do fluido, no interior do sistema, fique cada vez mais baixa, a ponto de começar a precipitar gelo.

6. O ar-condicionado não "gela"

Caso o equipamento não esteja "gelando" o ambiente, isso pode estar sendo causado por alguns dos problemas seguintes.

- Carga inadequada de fluido refrigerante. Em um dia quente, você provavelmente não verá a formação de gelo descrita anteriormente, mas vai ter como consequência o mau funcionamento do sistema.

- Em sistemas com condensação a ar, excesso de sujidades – poeira, fuligem, qualquer coisa que possa se alojar entre uma placa e outra – nas aletas da condensadora prejudica a eficácia do sistema. Essas sujidades impedem que o ar externo entre em contato com o condensador para realizar a troca de calor.
- Muito cuidado ao limpar e higienizar esses componentes. Não adianta simplesmente ligar uma hidrojateadora e lavar a peça, como se fosse um carro. Se a limpeza não for feita no sentido correto do fluxo de água, em vez de remover as partículas, elas penetrarão ainda mais entre as aletas (e removê-las é muito mais difícil).
- Atenção para a perda de carga da água de condensação, em sistemas que funcionam com essa técnica, quando a água passa por dentro do equipamento. Os projetos preveem que a água circule a determinada velocidade para que a troca seja suficientemente rápida a ponto de poder trocar calor com o fluido. Tente imaginar o que ocorreria se a água ficasse parada lá dentro. Pois bem, ela ficaria quente e não faria mais a troca.
- Se as serpentinas tiverem incrustações, seja de origem mecânica ou biológica (limo, ferrugem, etc.), a água vai circular com velocidade mais baixa e, no final, o efeito será o mesmo: o ar sai quente. A diferença de pressão entre a água que entra e a que sai é um bom indicador do nível de sujidade interno das serpentinas.

7. Quando instalo os elementos filtrantes, o equipamento para de "gelar"

Toda vez que se vai comprar um aparelho de ar-condicionado, deve-se considerar a classe de filtragem que será utilizada nesse equipamento.

Falamos no capítulo sobre filtros que, dependendo da classe de filtragem, a trama pode ser mais fechada do que outras, portanto, sua resistência à passagem de ar é maior. Os ventiladores dos aparelhos precisam ser dimensionados para vencer essa resistência.

A eficácia para "gelar" um ambiente pode diminuir quando o equipamento é fabricado para uma classe de filtragem mais baixa e, depois, decide-se colocar um filtro de classe maior. Por vezes, o ventilador não tem a força necessária para vencer esse novo obstáculo e, por consequência, não terá eficiência no condicionamento do ambiente.

8. Depois de um tempo ligado, o equipamento desarma

Um desarme no equipamento ocorre, normalmente, por causa de pressão ou de temperatura de trabalho mais alta do que o especificado. Para evitar esse problema, observe:

- Se a pressão do fluido refrigerante está correta. Pressão muita alta pode precipitar o desarme.
- Se a troca de calor na região da condensadora está sendo feita corretamente. Verifique se ela está em um ambiente muito quente ou recebe descarga de ar de outros aparelhos, ou de elementos externos como motores, um forno, etc.: esse ar quente vai ser insuficiente para realizar toda a troca de calor de forma correta, fazendo a temperatura do fluido no interior subir. Lembra-se da equação? Temperatura mais alta, pressão mais alta.
- Se não há nada bloqueando a circulação do ar, seja um pano ou uma tomada de ar externo que está fechada, seja um filtro obstruído.
- Se a resistência de isolamento está baixa. Isso ocorre com mais frequência com compressores. Às vezes, não queima totalmente, mas começa a perder eficiência de isolamento. Quando começa a trabalhar por mais tempo, pode ocasionar pequenas fugas de corrente na alimentação, precipitando o desarme de seus dispositivos de segurança.

9. O fancoil não "solta ar frio"

Está tudo limpo, tudo funcionando corretamente, a temperatura da água gelada sai do chiller dentro do previsto, mas antes de entrar no fancoil ela está apresentando um valor muito mais elevado.

Não é muito comum a água sair do chiller a 5 °C ou 6 °C e chegar ao fancoil com uma temperatura muito mais alta, mas pode ser que uma bolha de ar no interior da tubulação, dependendo da posição em que ela se aloje, acabe funcionando como um tampão, evitando que a água circule por aquele ponto.

Uma bolha de ar pode entrar no sistema em algum momento da manutenção, na desinstalação ou reinstalação de algum equipamento, inclusive, se houver algum dreno aberto. A solução é retirar um pouco da água em pontos estratégicos do sistema até que a bolsa de ar seja expelida.

10. Quando o ar-condicionado é ligado, o ambiente fica com cheiro de esgoto

Muita atenção com os ralos das casas de máquina de sistemas de ar condicionado. Primeiro, garanta que eles sejam sifonados. É comum que a força do ventilador e do fluxo de ar acabe evaporando a água responsável pelo fecho hídrico. Quando isso acontece, podem retornar cheiros desagradáveis da rede de esgoto principal.

Outra dica é fazer um pequeno sifão nas tubulações de saída das bandejas dos equipamentos, o que também ajuda bastante a manter um ambiente agradável durante todo o tempo.

CAPÍTULO 15

Minha história com climatização: depoimentos

O compartilhamento de ideias e experiências é um dos ativos mais preciosos de um facility manager. Ao longo de minha jornada de mais de vinte anos no setor, conheci muitos profissionais e histórias que ajudaram a compor o material humano e técnico do qual sou formado.

Este capítulo tem o objetivo de trazer algumas dessas histórias. São depoimentos* de colegas de profissão que mostram que os desafios do setor são mais comuns do que se imagina. Ao compartilharmos as dificuldades que enfrentamos no dia a dia, mais rapidamente conseguimos encontrar soluções para esses desafios.

Arnaldo Lopes Parra

Engenheiro mecânico, de refrigeração e ar condicionado e de segurança do trabalho, e administrador de empresas. Tem 35 anos de experiência em Avac-R e em áreas de fabricação, vendas e serviços. Atualmente é empresário, atuando no ramo de consultoria, instalação e manutenção PMOC.

Uma das histórias interessantes que tive em minha carreira está relacionada com a maneira como encarei o trabalho. O que é trabalho? Algo que você realiza para obter o sustento de sua família? É algo penoso? É algo de que você

* Os depoimentos foram inseridos em ordem alfabética pelo nome do profissional.

se orgulha? Sempre resolvi encarar o meu trabalho com alegria, força, disposição e otimismo. Creio que ninguém nunca me viu reclamar do meu trabalho, e olha que nem tudo foram flores, nem tudo foi fácil. Principalmente no início da carreira, tem sempre olhares críticos esperando que você tropece. Para diminuir a probabilidade de cometer erros, junto com alguns amigos, busquei me especializar. Primeiramente em refrigeração e ar condicionado (RAC), mas depois percebi que era muito mais difícil lidar com o ser humano do que lidar com tabelas, números, códigos e processos. O fator humano é, em certo grau, o maior desafio que podemos enfrentar em qualquer carreira – seja o engenheiro, o médico, o técnico ou o administrador. Aprendi ferramentas valiosas para lidar com as equipes na pós-graduação em administração de empresas.

Mas minhas grandes vitórias começaram quando passei a ouvir conselhos de grandes personalidades do setor: meus superiores, diretores e colegas mais velhos e experientes. Aprendi muito não com o erro próprio, mas com os erros que esses colegas cometeram e compartilharam. Tanto que, quando iniciei minha carreira numa grande multinacional, como estagiário de engenharia, fui lançado numa "cova de leões" para organizar a produção mecânica de equipamentos para as corvetas da Marinha do Brasil. Nesse projeto, tive que lidar com falta de informações – não havia computador nem fax na época –, funcionários desconfiados que sonegavam dados, pessoas que não queriam ser auditadas, etc. A duras penas, organizei todos os processos elaborando planilha em papel, mapa de produção e cronograma. Foi tirado o atraso de dois anos em três meses, ordenando o fluxo operacional e redirecionando prioridades. Aí, tive minha primeira lição de vida: levei os resultados ao diretor da área, entregando tudo numa pasta e pedindo outro tipo de atividade – eu era estagiário, lembra? –, mas o diretor, gentilmente e sorrindo, disse que essa era a minha função a partir daquele momento.

Entendi perfeitamente o recado. Voltei para o piso de fábrica com ainda mais vontade de progresso, com outro ânimo para vencer as "picuinhas" que tentavam me tirar do sério. Numa dessas ocasiões, com essas atribuições "adquiridas", passei uma semana na área de projetos. Eu já era técnico de nível médio, formado no Liceu de Artes e Ofícios como desenhista. Ao chegar na área, o supervisor me chamou: "Estagiário, vem cá, vem cá. Tenho atividades para você! Pegue este bolo de desenhos, apague o carimbo e coloque carimbo novo". Tinha uns duzentos desenhos. Olhei a papelada, ouvi os risos ao redor e ri também! As pessoas olhavam a situação pensando "estão aprontando com o estagiário". Então, expliquei que eu era estagiário de engenharia, e o que ele precisava era de um desenhista copista, de nível médio, e que seria bom rever aquelas atividades. Ele ficou meio confuso, mas continuou: "É o que tem para você fazer, estagiário. Pode começar". Nesse momento, lembrei-me do que já havia demonstrado ser capaz de fazer para o diretor de produção. Levantei-me dando ainda mais risada, e falei bem alto para que todos ouvissem: "Opa, esta atividade não me acrescenta nada profissionalmente. Se é tudo que você tem para mim, declaro meu estágio concluído em sua área! Muito obrigado". O engenheiro supervisor não acreditou, tentou retrucar, mas me levantei, agradeci e ainda acrescentei: "Este foi o estágio mais rápido da história da refrigeração, hein?". E simplesmente saí da área, voltando para o setor de fabricação, no qual os equipamentos das corvetas me aguardavam ansiosamente. Não sem antes passar para conversar com o diretor, que, ao ouvir a história, riu ainda mais que eu, falando que essa era boa. E aproveitou a ocasião para perguntar como estavam os painéis e acessórios das corvetas, atualizei o *status* e tomamos um bom café.

Resumo da história: depois de três meses de estágio, fui contratado como engenheiro de produção. Era 4 de dezembro. Passados dois meses, com foco total no trabalho, revolucionamos o piso de fábrica. A direção nota quem traz resultados, tanto que, em fevereiro, fui promovido a supervisor de fabricação – atualmente seria cargo equivalente a gerente de fabricação –, comandando cerca de duzentos colaboradores e oito encarregados. Aí, sim, *o bicho pegou*. Um dos primeiros a vir me parabenizar pela meteórica ascensão foi justamente o meu amigo supervisor de projetos, que declarou que minha atitude foi interessante e que me desejava muita sorte em minha carreira. Fomos muito amigos durante todo o período em que trabalhei nessa excelente empresa.

Moral da história: se você se propõe a fazer alguma coisa, faça com o coração, com sua máxima dedicação, coloque seu suor a seu favor, não contra. Lembre-se sempre de fazer uma boa limonada com os limões que aparecerem na sua frente. Coragem, firmeza de propósitos, caráter e capacidade são como pepitas de ouro no campo de mineração da vida.

Carlos Trombini

Empresário industrial, engenheiro mecânico formado pela Faculdade de Engenharia Industrial (FEI), administrador de empresas pela Universidade Presbiteriana Mackenzie (UPM), com MBA em marketing pela Universidade de São Paulo (USP), e pós-graduado em sistema de gestão de eficiência energética de sistemas de climatização pelo Senai Oscar Rodrigues Alves.

Essa história começa em 1983. Eu iniciava meu quarto ano do curso de engenharia mecânica da Faculdade de Engenharia Industrial (FEI) quando ingressei no programa de estágio da Companhia Energética de São Paulo (Cesp), no departamento de manutenção mecânica das usinas hidroelétricas.

Alguns meses depois, fui destacado para a usina hidrelétrica de Caconde, na região nordeste do estado de São Paulo, acompanhando a equipe técnica que faria análises da qualidade do ar da casa de máquinas dos geradores de energia.

O "engolimento" de água à jusante da barragem, como era chamado o movimento de entrada de água para os caracóis das turbinas, carregava consigo elementos sólidos e gasosos, resultados do movimento do rio e da represa, que por diferentes modos eram emanados e pairavam no ambiente da casa de máquinas e respirados pelos operadores. Como consequência causavam mal-estar nos funcionários, levando-os até ao desmaio.

O que era preciso fazer para melhorar a condição do ar interno? Projetar e instalar um sistema de ventilação forçada para a renovação do ar interno. E assim foi feito.

A responsabilidade pelos estudos técnicos do projeto foi minha. Parti para os cálculos com base na obra *Industrial ventilation: a manual of recommended practice*, da American Conference of Governmental Industrial Hygienists (ACGIH), na qual era possível encontrar parâmetros técnicos sobre aplicação e índices de renovação de ar, perdas de carga para as várias singularidades, cálculo de vazões de acordo com os elementos existentes no ar, sistema de filtragem adequado e diferentes configurações de ventiladores com suas respectivas curvas de rendimentos e potências.

Um momento interessante do projeto foi pensar em um dimensionamento que aliasse confiabilidade e rendimento do sistema com fabricação e instalação, uma vez que dutos, ventiladores e sistemas de filtragem deveriam ter dimensões adequadas à estrutura civil, e a rede de dutos prevista teria comprimento de 2 mil metros entre a captação de ar interno e sua descarga.

O estudo e o anteprojeto foram enviados ao departamento de engenharia mecânica, para validação e aprovação, e ao departamento de suprimentos, para as contratações. O estágio terminou, mas o projeto não havia sido implantado. Anos depois, já formado e trabalhando como engenheiro mecânico para uma grande empresa instaladora de sistemas de ar condicionado, um colega e eu fizemos uma visita técnica e comercial a um grande varejista, e lá encontramos um ex-funcionário da Cesp, gerente de engenharia, que havia trabalhado com esse meu colega em instalações da Cesp. A conversa foi se desenvolvendo, e não é que os dois comentaram aquele projeto no qual eu havia trabalhado? Que surpresa agradável quando soube que ele havia sido implantado e apresentou excelentes resultados. Confesso que a emoção foi grande.

Foi meu primeiro projeto, meu primeiro contato com o tema de qualidade de ar de interior que, atualmente, é um dos principais temas que discutimos quando tratamos de sistemas de ar condicionado e que virou a Lei nº 13.589, de 2018, mais conhecida com a lei do PMOC da climatização.

A lição aprendida? Um projeto com magnitude de uma facility deve ser muito bem estudado; a engenharia está à disposição dos ocupantes de determinado ambiente, e os projetos de climatização devem levar em consideração a segurança, o conforto e a produtividade deles; sempre devemos seguir as normas técnicas vigentes para que a qualidade e o melhor desempenho sejam alcançados.

A cadeia de produção deve ser respeitada: anteprojeto, projeto, instalação e manutenção, com processo de comissionamento do início ao fim, ou melhor, da entrega à operação. Essa cadeia garante o melhor resultado e com custos adequados.

Carmosinda Santos

Engenheira mecânica, técnica em refrigeração e climatização e em segurança do trabalho, dezesseis anos de atuação no setor HVACR, técnica sênior de sistemas de água gelada. É também representante do CRT-SP 2021/2026 e presidente do SB Ashare-SP 2022/2023.

Comecei minha carreira na refrigeração aos 24 anos, e desde então me dedico às atividades técnicas de climatização, refrigeração e condicionamento de ar. Estar em campo é o que mais me motiva, mas, por ser mulher, essa jornada sempre teve desafios.

Uma coisa que me marcava – e aconteceu em diversas oportunidades – era, ao chegar para atender um cliente, ele me perguntar "onde está o técnico?", e eu ter que responder "o técnico, no caso, a técnica, sou eu".

Um desses eventos foi muito forte. Era 24 de dezembro, véspera de Natal, e eu estava fazendo compras em um supermercado para a ceia e as festividades. Recebi uma ligação da empresa na qual eu atuava, me pedindo para realizar um atendimento de emergência em um cliente, uma indústria farmacêutica. Eu não era a plantonista da vez, mas como todos os outros colegas já estavam em atendimento, me pediram ajuda. E eu atendi. Terminei de fazer as compras, deixei as coisas em casa e me desloquei para o cliente, que ficava a umas boas horas de distância de onde eu morava.

A situação que enfrentaria era relativamente comum. A empresa estava fazendo uma parada de manutenção nos sistemas elétricos, todo fornecimento de energia da concessionária foi cortado, e os sistemas críticos estavam sendo alimentados por grupos geradores. No entanto, no momento da transição das cargas, ou por um problema de sincronismo ou inversão de fases, os dois chillers que alimentavam o prédio pararam de funcionar. As pessoas que estavam dando suporte no local, incluindo alguns representantes do próprio cliente, não conseguiam fazer a máquina ligar de jeito nenhum.

Mesmo largando minhas coisas e dirigindo por horas até o local, lembro de já ter sido maltratada logo que cheguei. O cliente me olhou dos pés à cabeça e já soltou o "cadê o técnico?".

Ignorei o comentário e, ao entramos na fábrica, fui direto para o primeiro chiller, que apresentava um alarme de falta/falha de sequência de fase. Peguei meus instrumentos e fiz uma série de checagens, e pude confirmar que, pelo menos naquele momento, as fases estavam presentes e no sequenciamento correto. No entanto, o relé de monitoramento dos parâmetros havia queimado, impedindo o funcionamento do equipamento.

Como não tinha uma peça sobressalente, nosso depósito estava a quatro horas de distância e o cliente precisava ativar o sistema com urgência, sob risco de perda de itens de alto custo, tomei a decisão de ligar o comando diretamente, "pulando" esse relé. Eu fiz a conexão dos cabos, religuei o alarme, e o chiller ligou segundos depois.

Cliente satisfeito? Nada disso. Ele jogou as próprias ferramentas no chão e não teve pudor de soltar um: "%#$%¨#$%$%. Não acredito! Estou aqui a manhã inteira me matando em cima dessa máquina para vir uma $%¨# de uma mulher e resolver o problema!".

Na hora, comecei a pegar minhas coisas para ir embora. Liguei para meu supervisor relatando o ocorrido, mas ele me pediu para me acalmar e arrumar o outro equipamento, me prometendo que depois tomaria ações contra o cliente.

Isso nunca saiu da minha cabeça. Eu estava de folga, larguei minhas coisas para atender uma emergência, resolvi o problema e, por conseguir fazer algo que o cliente não conseguiu, fui insultada. Para piorar, a empresa em que eu atuava não tomou nenhuma providência, nenhuma notificação contra o tal cliente, e ainda tive que ouvir que, por estar em um ambiente de "homens", tinha que entender e aceitar algumas coisas. Obviamente me desliguei da empresa pouco tempo depois.

Felizmente isso tem mudado. Atitudes como essa são inaceitáveis na sociedade atualmente, mas essa história é importante, pois precisamos lembrar de que ainda há muitas barreiras e preconceitos a serem derrubados. Quanto mais compartilharmos histórias como essa, mais perto estaremos de uma sociedade mais justa e igualitária.

Celso Simões Alexandre

Engenheiro, ex-presidente da Trox Americas, e atual membro do Extended Board da Trox Alemanha e presidente da Sociedade Brasileira de Controle de Contaminação (SBCC).

Compartilho três histórias. A primeira, uma situação ocorrida em um centro de distribuição em Toronto, Canadá, que tinha dezoito baias de carga e descarga. No sistema de ventilação, as tomadas de ar exterior estavam colocadas exatamente abaixo do nível do piso dos caminhões, que era o mesmo do interior do edifício, como é costume fazer. Acontece, contudo, que durante a operação de carga e descarga, os motoristas não desligavam os motores dos veículos porque, sendo a maior parte do tempo as temperaturas exteriores negativas, eles queriam que o caminhão estivesse preparado para partir logo após o término da carga e descarga. Por consequência, todo o monóxido de carbono dos caminhões era aspirado diretamente para dentro do sistema de ventilação.**

A segunda história envolve um problema curioso em uma fábrica de celulose no Brasil. No meio da planta da fábrica, havia uma sala de comando onde estavam localizados os computadores que controlavam o processo fabril. Ao fim de dois anos do início de funcionamento, começaram a ter problemas em diferentes equipamentos, cujos contatos elétricos apresentavam deterioração causada por gases de enxofre e cloro. O problema da situação é que cloro e enxofre faziam parte do processo produtivo e eram gerados pela própria fábrica. Fomos chamados para sugerir um sistema de filtragem que controlasse esse problema. A primeira ideia era usar filtros de carvão ativado. No entanto, a eliminação de gases com uso de carvão ativado é extremamente cara, não só pelo custo inicial de carvões especiais, mas porque a saturação desses filtros é extremamente rápida. Só para dar uma ideia, um equipamento com capacidade para tratar de 850 m^3/h a 6.800 m^3/h necessita de filtragem complementar, pré-filtros EU3 na admissão de ar e filtros EU3+EU9 na descarga; vem tudo montado numa base de cerca de 2,4 m x 2,2 m x 1,85 m, que pesa, com o carvão incluído, 2.270 kg (5.000 lbs). Ao subir no telhado para ver as condições de captação, verificamos que os ventos dominantes no local passavam pelo ponto de liberação dos "poluentes" e os levavam direto para as tomadas de ar da sala de controle. A solução preconizada foi, além da utilização de filtros apropriados, levar a tomada do ar exterior, por meio de dutos, para longe dos ventos dominantes.

A última história ocorreu em um escritório de uma multinacional, em São Paulo. Solicitados para verificar por que os funcionários da empresa apresentavam todos os sintomas conhecidos de náuseas, dor de cabeça, irritação nos olhos, etc., fomos ao local da instalação. Ao entrarmos no edifício, meus pés se afundaram no belíssimo carpete que cobria todo o chão do escritório.

** Nessa condição, uma das possíveis soluções passa pela simples solicitação aos motoristas para desligamento dos motores durante a operação de carga e descarga.

Perguntei há quanto tempo havia sido trocado o piso e se havia coincidência entre a nova instalação e o início das queixas, o que foi confirmado. Era um caso clássico de liberação de formaldeído, resultado das colas de fixação do carpete. Outro problema é que as mesas de trabalho tinham sido substituídas, todas agora com tampo de mármore, de cor clara, que refletiam as luzes emitidas pelas lâmpadas do teto, que não tinham nenhum defletor. Diante das constatações, as sugestões foram, para o caso do carpete, que durante a noite, até o problema se resolver, os compressores dos equipamentos de ar-condicionado fossem desligados, mas os ventiladores de insuflamento permanecessem continuamente ligados e os dampers de ar exterior totalmente abertos, visando a "lavagem" da instalação com ar. Quanto à falta de defletores das lâmpadas, o cliente poderia decidir entre trocar as luminárias ou cobrir o tampo das mesas com algum material não refletivo.

Fátima Sousa

Empreendedora na área de educação, com mais de vinte anos de experiência em facility management atuando em empresas nacionais e multinacionais, palestrante internacional, mentora, sócia e atual CEO da FS Educa.

Em determinado momento da minha vida, estive responsável pela operação e manutenção de quase duzentas agências bancárias. Quem trabalha em gestão de facilities sabe que um dos maiores desafios que nos assombram é o ar-condicionado.

Infelizmente, muitas pessoas que usufruem desse equipamento não têm conhecimento de que a falta de manutenção, ou se feita por profissionais despreparados, pode ser prejudicial à saúde. Pode causar doenças respiratórias que intensificam crises de asma ou rinite, por exemplo, mas também levar ao desenvolvimento de algumas doenças fatais, pois a água e a sujeira acumuladas favorecem o desenvolvimento de bactérias. Pesquise sobre a morte do ex-ministro Sérgio Motta para ter uma ideia de como isso é perigoso.

Por isso é tão importante ter empresas e profissionais capacitados para fazer a manutenção preventiva dos equipamentos, a fim de prevenir riscos à saúde dos usuários, garantir melhor eficiência energética do equipamento e, consequentemente, evitar desperdícios financeiros com manutenções corretivas.

Bom, na teoria tudo funciona, não é mesmo? Mas como isso funciona na prática? Como mencionei anteriormente, estive responsável pela manutenção predial de agências bancárias. Quando se fala em contratação de prestadores de serviços em cidades grandes, tudo funciona porque a quantidade de fornecedores é bem maior, mas quando saímos dos grandes centros as dificuldades aumentam, não somente pela distância, mas principalmente porque, em algumas regiões, não se têm um único prestador de um serviço especializado, existem os famosos faz-tudo. E isso pode se transformar em um grande problema.

Tive um caso desse tipo. Em uma agência, localizada em uma cidade muito quente, com média de 33 °C, um equipamento split começou a dar problemas. O gerente abriu chamado e acionamos uma empresa homologada a 187 km de distância da agência. Era um pouco longe, mas depois de quase duas horas de viagem, um profissional habilitado avaliaria o equipamento e nos apresentaria o orçamento. Trabalhávamos com LPU (lista de preços unitários), por isso, se fosse necessário trocar peças, o técnico providenciaria, consertaria o aparelho e, assim, teríamos mais um problema resolvido. Simples.

O que não estava previsto era uma manifestação de caminhoneiros na estrada principal, que deixou o técnico parado no meio dela. O tempo, que era para demorar, no máximo, três horas, entre saída do técnico da cidade de origem, chegada ao destino e regularização do problema ou apresentação do orçamento, acabou se estendendo. O gerente da agência, ao saber que o técnico atrasaria, não aguentou esperar, alegando que já tinha clientes passando mal. Chamou seu faz-tudo, mais conhecido como Zeca da Pintura, para consertar o equipamento.

Pelo apelido, já deu para perceber que o ponto forte desse prestador de serviço não era manutenção, no entanto, mesmo a gente, em conjunto com o técnico e a empresa homologada, tentando argumentar com o gerente da agência de que o equipamento era novo, com menos de um ano de uso, e que o ideal era aguardar a empresa especializada e, como solução temporária, usar ventiladores de mesa, o gerente reivindicou sua posição – "sou o mais impactado pelo problema da área de manutenção", "cada minuto sem o ar-condicionado estamos perdendo dinheiro" e, no mais extremo da crise, "quem dá resultados para o banco sou eu" – e desligou para ver se o Zeca já tinha encontrado uma escada para subir.

O expediente bancário terminou, a manifestação dos caminhoneiros foi dissolvida, o técnico chegou e o Zeca tinha desmontado o aparelho, mas não tinha encontrado o problema, nem sabia como colocar tudo de volta. O gerente estava espumando...

O técnico nos ligou. Pedimos para tirar foto de tudo antes que ele tocasse em qualquer coisa e para chamar o gerente. A princípio ele não queria conversar comigo, mas depois atendeu, meio arrependido, pedindo desculpas, explicando que era preciso que eu entendesse a situação, uma vez que a cobrança pela rentabilidade da agência era grande.

Depois de várias polêmicas pelas quais já tinha passado na vida, entendi sua posição e, calmamente, esclareci os próximos procedimentos. Um deles seria eu elaborar um relatório descrevendo o fato e apresentando os custos extras decorrentes da ação do Zeca. O gerente argumentou, se defendeu, contestou, chorou, mas não tinha jeito. O que estava errado, errado estava.

Por fim, o problema foi regularizado pelo técnico capacitado; o gerente foi advertido pelo seu diretor, mas, em razão de seu bom desempenho nos resultados, recebeu uma advertência bem leve; os custos extras foram alocados na agência e, após realizarmos um mapeamento das demais unidades da região, em um raio de 200 km, decidimos desenvolver um programa de qualificação de profissionais faz-tudos.

Isso resultaria na profissionalização dos serviços que necessitávamos e, enquanto alguns seriam selecionados para se tornarem efetivos nas empresas homologadas, outros se tornariam empreendedores, porém, muito mais especializados e preparados.

A ideia foi ótima, mas não saiu do papel. Até hoje me arrependo de não ter insistido para isso acontecer. Acredito que todo profissional pode se tornar um agente de transformação, e por isso desenvolvemos o programa, no entanto, não tivemos força para levá-lo para a frente. A diferença está na persistência em seguir o sonho e a atitude em concretizá-lo.

Levei essa experiência para a minha vida: diariamente, tenho diversos caminhos para transformar a vida de alguém, porém, só depende das minhas ações e força de vontade para realizar isso.

Segundo um autor desconhecido, "plantar é opcional, colher é obrigatório; a sua vida depende de suas escolhas". Espero que a leitura desse relato tenha sido prazerosa e que ajude você a enxergar as diversas oportunidades que surgem em sua vida, mas principalmente a importância de ter a determinação para realizá-las.

Gabriel João Martim

Tecnólogo em construção civil (modalidade edifícios), com MBA em gestão de negócios imobiliários. Atua há mais de vinte anos na área de manutenção predial e gestão de propriedades, e é sócio administrador da Domos Gestão, Consultoria e Negócios Imobiliários.

Para muitos vai parecer exagero, mas acredito que não exista tarefa mais desafiadora para um gestor de facilities quanto atender às reclamações relacionadas ao ar-condicionado. Estou falando de atendimento aos usuários, ao cliente final. É um tema difícil. Para alguns, essa introdução trouxe recordações nada agradáveis, e não são poucos os que passaram por situações difíceis.

Um caso em especial foi marcante para mim. Ocorreu no verão de 2006, quando eu ocupava o cargo de gerente de facilities em uma grande instituição financeira, responsável por agências em todo o Brasil e pelo edifício-sede, que comportava 3 mil usuários.

Eram muitos os desafios, porém, nada comparados ao atendimento de usuários e aos chamados de ambiente quente/frio. Nossa estratégia era o atendimento presencial, em que o técnico ia até o local, procurava o responsável pelo chamado, fazia medições de temperatura na presença dele e confirmava as informações com a automação. Na grande maioria dos atendimentos, a temperatura medida estava dentro dos padrões definidos pelo cliente, 23 °C, com variação de 1 °C, para mais ou para menos. O procedimento funcionava em 99,9% dos casos; o usuário recebia uma explicação técnica demonstrando o funcionamento correto do sistema, resolvendo o problema.

Como mencionei, um caso mudou meu conceito de atendimento. Em um chamado de ambiente frio, o usuário era o "responsável pela área de fraudes". Seguimos nossa estratégia de atendimento presencial: medição de temperatura, confirmação da automação e atendimento dentro do padrão definido. No dia seguinte, o mesmo chamado do mesmo usuário, e mais uma vez seguimos o procedimento-padrão de atendimento, comprovando o funcionamento correto do sistema. Os chamados se repetiram, e mantivemos nosso procedimento de atendimento.

Agora, imagine um usuário descontente. Seu descontentamento chegou ao ponto que a reclamação foi parar no RH, e fui chamado para esclarecer a situação. Apresentei o procedimento de atendimento e as evidências de que estávamos atuando dentro dos parâmetros definidos pelo cliente. No entanto, não foi suficiente. Segundo o RH, nosso usuário estava de licença médica por causa do ar-condicionado.

Foi difícil controlar a irritação de toda a equipe de manutenção e focar na solução. Até esse momento, eu não havia me envolvido diretamente, não conhecia o usuário e, afinal, as ações tomadas seguiram o procedimento definido. Depois da reunião com o RH, entendi que deveria tratar esse assunto pessoalmente.

Reuni a equipe, expliquei a gravidade do problema e a necessidade de encontrarmos uma solução. No dia seguinte, estávamos no andar medindo temperatura, velocidades de insuflamento, checando cada VAV, difusor, projeto, posicionamento da mesa, todas as hipóteses foram testadas e tratadas.

Acompanhei todo o trabalho de perto. No final do dia, não conseguimos nada que pudesse esclarecer o que estaria afetando a saúde daquele funcionário. Fui até a mesa do usuário, puxei a cadeira, sentei-me e fiquei em silêncio. Já estava cansado, preocupado, apreensivo e sem ideias. Fiquei ali uns trinta minutos parado, analisando a situação, quando comecei a me sentir incomodado, uma sensação estranha na cabeça. Isso tirou minha concentração. Eu estava com frio, frio na cabeça. Perguntei para o técnico que estava ao meu lado se o usuário que se sentava ali era careca, e ele disse brincando: "tem tanto cabelo quanto você".

Acho que nem preciso relatar o que ocorreu e como mudamos todo o nosso procedimento de atendimento, mas a lição que tirei de tudo isso foi que devemos, literalmente, nos colocar no lugar do cliente, entender o problema do ponto de vista dele, ouvir, dar atenção, em resumo: ter empatia.

Henrique Cury

Há dezesseis anos trabalha no mercado de qualidade do ar, foi presidente de Qualindoor Abrava, membro do Comitê de Qualidade do Ar Interior do Green Building Council Brasil e corresponsável pela elaboração da primeira norma ibero-americana de qualidade do ar de interiores junto ao Faiar (Federación de Asociaciones Iberoamericanas de Aire Acondicionado y Refrigeración), fez parte da revisão da norma ABNT-NBR 16401 e da NBR 7256. Atualmente é diretor responsável pelas operações da Ecoquest na América Latina.

O ano era 2014. Fazia oito anos que tinha mergulhado de cabeça no mundo da qualidade do ar de interiores, dando uma guinada radical na minha vida para me dedicar a um mercado ainda incipiente no Brasil.

Os primeiros anos da Ecoquest no país foram dedicados a desbravar o caminho, oferecendo tecnologias de ponta para descontaminação de ambientes e desodorização, divulgando as primeiras gerações de ionização rádio catalítica (IRC), a tecnologia IRC e suas variantes. A tecnologia IRC consiste em células fotocatalíticas compostas de uma luz de intensidade UV dentro de uma liga de metais nobres. A função da luz UV não é germicida, mas sim de ativar o catalisador, produzindo constantemente peróxido de hidrogênio ionizado em forma gasosa. O peróxido tem características de oxidação microbiológica, assim como de quebra de gases voláteis, tendo como vantagens sua inocuidade – ou seja, não faz mal aos seres humanos – e a eliminação de odores de maneira natural. As células são instaladas dentro do sistema de HVAC usando o ar como meio de transporte do peróxido para tratamento de contaminações, uma abordagem considerada ativa. Filtros, luz UV convencionais e ventilação são considerados soluções passivas, pois não agem nos locais contaminados, mas precisam que os contaminantes cheguem até ele, o que minimiza a ação em superfícies, e dificilmente se consegue tratar o ar como um todo.

O mercado brasileiro, até então, era voltado para a eliminação de odores de ambientes comerciais, como restaurantes, hotéis, hospitais, academias de ginástica, entre outros segmentos.

Tivemos demanda até então inédita na nossa empresa. Uma grande panificadora estava tendo problemas graves de qualidade em seus produtos, no caso, o panetone. O nível de reclamação e devolução tinha aumentado muito por causa do mofo encontrado nesses produtos, acionando o sinal vermelho da empresa.

Após terem feito todas as tentativas tradicionais para tentar eliminar o problema (limpeza química dos equipamentos, maior controle nas matérias-primas, etc.), nos indicaram por trabalharmos com uma tecnologia inovadora baseada em peróxido de hidrogênio.

Apesar de ter validado nossa tecnologia em diversos órgãos importantes, como o Instituto de Pesquisas Tecnológico (IPT), e sabermos da ação biocida e inócua de nossa solução, com casos de sucesso em ambientes menores, não sabíamos qual seria o resultado ao aplicar diversas células numa fábrica de grandes proporções, visando à melhoria da qualidade do ar interior e, consequentemente, eliminar focos de mofo que estivessem contaminando os produtos.

Envolvemos a engenharia da fábrica nos Estados Unidos e montamos uma grande estratégia para dimensionar corretamente a solução naquele ambiente. Sabíamos dos desafios e responsabilidade em solucionar um problema tão importante, principalmente numa situação inédita mundialmente para a empresa. Após meses de discussões e estudos de engenharia, começamos a instalação das células e planejamos o monitoramento microbiológico do ar das superfícies do ambiente.

Não posso negar que, mesmo bastante esperançoso com o sucesso, senti um frio na barriga causado pela expectativa do cliente, da fábrica nos Estados Unidos e, principalmente, dos nossos colaboradores na Ecoquest.

Com o processo instalado e operando, as primeiras medições mostraram-se bastante positivas, dando uma perspectiva bem otimista do resultado nos produtos. Após meses, seguíamos recebendo *feedback* positivos sobre as cargas fúngicas nos ambientes, mas ainda não havíamos recebido o relatório sobre as reclamações vindas do consumidor final. A expectativa só aumentava.

Quase seis meses depois do sistema operando, recebemos a esperada confirmação de que o nível de contaminação nos panetones tinha caído drasticamente, ficando em níveis muito abaixo dos considerados normais. Foi uma alegria – e um alívio.

A Ecoquest se consolidou, a partir de então, como especialista em descontaminação de ambientes internos de qualquer tipo, desde escritórios comerciais a fábricas de maior complexidade.

A pandemia de covid-19 trouxe bastante importância e necessidade de descontaminação, fazendo da empresa uma das líderes em descontaminação permanente de ambientes internos no Brasil.

Leonardo Cozac

Engenheiro civil e de segurança do trabalho, consultor especialista em qualidade do ar interno com certificado internacional, sócio e CEO da Conforlab Engenharia Ambiental.

Compartilho um caso que encontrei recentemente durante uma vistoria em um edifício comercial, em São Paulo. Nesse local, realizamos semestralmente as análises da qualidade do ar interno conforme definido na Resolução nº 9, de 16 de janeiro de 2003, da Anvisa. Nessas medições de rotina, verificamos um problema ambiental que não havia sido diagnosticado no dia a dia da operação predial.

Para situar os leitores, estamos falando de um edifício comercial de alto padrão, categoria *triple A*, de 28.359 m^2, com quinze pavimentos de escritórios, lajes de 2.067 m^2 e 2.130 m^2 e quatro subsolos de estacionamento. Tem cinco anos de existência e ocupação multiúso pré-certificado nível *gold*, com o selo Leed® for Core & Shell. Ou seja, um prédio relativamente novo, com sistema de cuidados ambientais.

O que ocorreu foi o seguinte: baseada nos resultados das amostragens da qualidade do ar interno, a equipe de manutenção predial observou, pelo segundo semestre consecutivo, que a medição de dióxido de carbono (CO_2) estava acima dos limites definidos pela RE nº 9 da Anvisa. Esse fato ocorreu em 76% dos ambientes avaliados. Normalmente, excesso de CO_2 está relacionado à ineficiente renovação do ar interno em relação ao número de pessoas no local.

Quando cheguei lá, a primeira hipótese levantada era se as tomadas de ar externo do sistema de climatização estavam fechadas no momento das amostragens. Essa situação foi descartada, pois o edifício é dotado de sistema de automação com sensor de CO_2 para abertura em caso de valores acima dos limites (1.000 ppm). Os dados mostravam que o sistema de renovação de ar estava trabalhando constantemente 100% aberto, o que nos causou estranheza, pois uma situação dessa resulta em um elevado custo de consumo energético.

Como não era problema de tomada de ar externo fechada, verifiquei a segunda hipótese: número elevado de pessoas nos locais avaliados. Percebemos que, em dois pavimentos, a população fixa estava acima do estabelecido na convenção do condomínio. Mesmo assim, o número de pavimentos que seguiam o padrão correto era bem superior à quantidade de pisos com excesso de usuários; ou seja, não era esse o fator preponderante na irregularidade encontrada no edifício.

Decidi ir à sala de máquinas, localizada na cobertura do prédio. Com o auxílio de um equipamento portátil de medição de CO_2 devidamente calibrado, verifiquei o comportamento do nível de dióxido de carbono ao longo do sistema de climatização.

Já nas primeiras medições feitas, dentro da sala de máquinas, na face interna da tomada de ar externo (dentro da edificação), o nível de gás carbônico apresentou resultado acima do esperado, em torno de 700 ppm. Isso não era normal, havia algo estranho ali.

Sabemos que o ar atmosférico oscila na faixa de 400 ppm a 500 ppm, ou seja, ar de entrada no prédio acima de 700 ppm indicava que tinha algo errado. A próxima medição foi feita na face externa da tomada de ar externo, ao ar livre, na cobertura do prédio. O resultado obtido de CO_2 foi muito similar à medição realizada internamente. A pergunta era: de onde vinha esse valor elevado de gás carbônico ao ar livre?

A terceira medição foi realizada também ao ar livre na cobertura do prédio, cerca de 5 metros afastado da tomada de ar externo. Bingo! O resultado obtido foi dentro do esperado para um ambiente ao ar livre, em torno de 400 ppm de CO_2.

Isso quer dizer que havia alguma fonte de contaminação perto da fachada do prédio que aumentava muito o nível de dióxido de carbono na captação do ar exterior. Procurei alguma fonte de poluição que pudesse gerar esse incremento de CO_2 naquela região. Há no local algumas condensadoras do sistema de climatização, mas esses equipamentos emitem calor, não gás carbônico.

Logo percebi uma grelha na fachada da edificação. A equipe de manutenção local informou que era a descarga de ar do duto proveniente da roda entálpica. Esse é um sistema de recuperação de energia, responsável pela exaustão do ar interno com a insuflação de ar novo, com objetivo de reduzir o consumo de energia do sistema de climatização.

Como era de se esperar, fiz a medição de CO_2 na saída da exaustão do sistema de recuperação de energia, e encontrei resultado bem elevado, em torno de 900 ppm.

Foi identificada a fonte poluente. Na fachada do edifício, onde se encontra a captação de ar externo do sistema de climatização, havia uma cobertura e criava-se uma zona de ar contaminado com alta concentração de dióxido de carbono – e provavelmente outros contaminantes que não estavam sendo monitorados.

A solução que recomendei foi fazer a captação do ar externo em ponto distinto daquele local ou longe do expurgo do sistema de exaustão. Deixei bem claro que isso deveria ser feito mediante contratação de um consultor em sistemas de climatização para elaborar um projeto adequado para aquelas instalações.

Enquanto esse novo sistema de captação de ar não fosse instalado, a solução era desligar o sistema de recuperação de energia. O impacto financeiro na produtividade das pessoas das empresas por causa da baixa qualidade do ar interno é muito superior à economia de energia elétrica obtida com o sistema.

Acompanhando o caso, os gestores do prédio decidiram pela instalação de uma rede de dutos para o expurgo do ar para fora da cobertura da fachada do edifício. Depois das alterações, as medições de gás carbônico apresentaram valores na faixa de 450 ppm na captação do ar externo, ou seja, o sistema estava operando dentro da normalidade. Valores dentro dos parâmetros também foram observados nos ambientes internos do prédio. Missão cumprida!

Como curiosidade, o custo dessa instalação do duto de expurgo foi de R$ 9.000,00. Um valor irrisório considerando a população daquele local, estimada em 25 mil pessoas, que estava respirando ar de baixa qualidade que prejudicava sua produtividade e aumentava o absenteísmo e as custas médicas.

Essa situação só foi descoberta por causa das análises rotineiras da qualidade do ar interno – conforme determinado pela RE nº 9, da Anvisa –, que giram em torno de R$ 5.000,00 ao ano. Como não conseguimos ver o ar que respiramos, fazer análises periódicas é fundamental para reduzir os riscos à saúde da população.

Outra abordagem que recomendo é que as edificações de uso público e coletivo implantem um plano de segurança da qualidade do ar interno, no qual devem ser avaliados os riscos, elaborados planos de ação e acompanhamento para verificação do ar interno. Recentemente, foi publicada a norma de qualidade ISO 16.000-40, que estabelece requisitos de gestão da qualidade do ar interno e aborda exatamente essa solução.

Cuidar do ar que respiramos dentro dos ambientes fechados deve ser preocupação da sociedade, assim como aprendemos a cuidar da água e dos alimentos que consumimos. Fica aqui a dica aos leitores: cuidem do ar que respiram.

Lívia Lourenço

Bacharel em administração de empresas pela Faculdade São Luís, com diversas especializações em gestão de facilities, excelência no atendimento ao cliente, certificações e normas técnicas. É facility manager na JLL, embaixadora do IFM Community Brasil e presidente executiva da Associação Brasileira de Property, Workplace e Facility Management (Abrafac). Reconhecida com o Prêmio Mulher de Destaque em facilities de 2021 a 2024, e coautora convidada do livro *Mulheres em facilities*, em que compartilha sua trajetória na liderança feminina do setor.

Todo facility manager tem uma história para contar sobre ar-condicionado, seja ela engraçada, trágica, desafiadora, inovadora, mas geralmente com final feliz. Porque o profissional de facility management busca a solução e, mesmo que tenha de entrar em uma longa batalha, ele não desiste.

Tudo que é compartilhado gera conflitos, então, imagine conviver com outras pessoas em um escritório? Homens e mulheres, com diferentes tipos de vestimenta (uniformes grossos, terno e gravatas ou vestidos), personalidades (uns agitados, outros calmos) e atividades (uns que não param na mesa e outros que ficam sentados por horas e horas). Um ambiente diverso, não é? E manter o ambiente na temperatura indicada pela norma, agradando a todas essas pessoas, nem sempre é uma missão fácil.

Vou contar uma situação pela qual passei, que é rotina de muitos FMs, uma coisa simples, que gera um barulho tremendo, a famosa reclamação!

Em 2013, um único usuário, de um andar com oitenta pessoas de áreas diversas, reclamava todos os dias de frio. Isso era o dia todo, e chegou até a, em um único dia, abrir 25 *tickets* de reclamação. Esse cenário se arrastou por algum período, e toda vez que ele abria um chamado, a equipe acionava o

BMS e verificava a programação, ajustava se fosse o caso, mas mesmo assim ele continuava reclamando. Os técnicos do condomínio subiram diversas vezes para o andar onde essa pessoa trabalhava, mediam as saídas e diziam que estava tudo normal.

Esse usuário reclamava tanto, mas tanto, que as pessoas ao seu lado começaram a ficar irritadas com ele porque elas não sentiam o frio que ele, furioso, dizia sentir.

Depois de várias ocorrências, a atendente do *service desk* me chamou e disse: "Estou com uma ocorrência de ar-condicionado e não sei mais o que fazer com esse homem. É o único que sente frio no andar. Já fizemos de tudo, mas só reclama. Preciso de ajuda".

Perguntei: "Você já conferiu a programação?".

"Sim, está tudo o.k."

"Já falou com os técnicos do condomínio para fazer a medição no local?"

"Sim, eles sobem toda hora e está tudo o.k."

Então, resolvi subir e conversar com ele pessoalmente. E lá fui eu tentar acalmá-lo e entender a reclamação.

Durante minha aproximação, ele de longe já me olhou furioso, e quando cheguei na frente da sua mesa, antes que ele falasse, disse olhando nos olhos dele: "Está frio aqui na sua mesa, não é? Vim aqui resolver junto com você". Pronto, o desarmei.

Enfim, resolvi a situação. Como? Quando cheguei na mesa e comecei a conversar com ele, ouvi toda a sua justificativa, ponto a ponto, então perguntei se eu podia me sentar na cadeira dele. Ali estava o problema, não era frio, era vento. Isso mesmo, a ventilação estava direcionada para a cabeça dele. Isso trazia um desconforto, uma sensação de frio. Imagine um vento soprando na sua cabeça oito horas por dia. E o vento forte não vinha de uma das saídas que estavam perto dele e que os técnicos alteravam, vinha de um ponto que estava atrás dele, mas que ninguém verificou.

A ventilação foi ajustada, o direcionamento das aletas foi alterado e o mistério do frio foi resolvido.

Gosto de contar essa ocorrência porque todo FM já recebeu reclamação de temperatura no seu dia a dia que muitas vezes gera um problema tremendo de insatisfação. Para desvendar alguns mistérios, é necessário ouvir com atenção a reclamação e sentir com o coração o problema.

Paulo Ponso

Engenheiro civil e de segurança do trabalho com MBA em administração. É gestor de patrimônio há mais de vinte anos, docente dos cursos de facilites da FS Educa e do MBA de hotelaria de luxo da Universidade Roberto Miranda.

O caso que vou relatar se passou em um grande empreendimento hoteleiro. O sistema de ar condicionado da edificação era à base de água gelada com produção de frio por chiller a parafuso. A distribuição de água gelada se dava por sistema primário e secundário através de bombas, a climatização dos andares era feita por fancoil e a vazão de água da serpentina era controlada por válvula com modulação associada à temperatura do retorno do ar, ou seja, era um sistema convencional de climatização.

Nosso problema era que, em um dos andares desse empreendimento, não conseguíamos atingir uma boa temperatura de conforto. Entre as atividades de manutenção, executamos todas as ações necessárias: limpeza de serpentina, troca de filtro, regulagem da válvula de controle de vazão de água gelada, limpeza de filtro Y, etc. A temperatura da água gelada estava dentro das condições determinadas no projeto, e as rotinas preventivas já tinham sido realizadas com bastante atenção, mesmo assim, continuávamos com baixa *performance* da climatização. Buscamos no projeto alguma informação que pudesse levar a um diagnóstico do problema, e foi assim que identificamos que a instalação não era *as built*. Aqui deixo um ponto de atenção em relação à importância de se ter projetos atualizados conforme a instalação executada.

Após nova avaliação de todas as atividades realizadas, excluindo as que poderiam levar à baixa *performance* e que já haviam sido executadas, suspeitamos que a causa do problema poderia ser a baixa vazão de água no fancoil. Assim, verificamos as pressões de trabalho da rede secundária de água gelada. Tudo o.k. Com essa informação e para eliminar a hipótese de baixa vazão, abrimos um trecho da rede de água gelada, entre a picagem e a entrada do fancoil – para isso, tivemos que serrar a tubulação, pois as conexões eram soldadas, não rosqueadas. Bingo! Eis que aparece a causa do problema: uma bolota de solda estava restringindo a vazão de água gelada do fancoil, diminuindo o rendimento da climatização.

Para entender o que levou um prédio com pouco mais de três anos a ter um problema de baixo rendimento de uma importante área climatizada, ficam aqui algumas reflexões:

- **Projeto *as built*:** é importante sempre, ao final de uma obra, atualizar os projetos executivos etapa LO (liberado para obra) para *as built* (como construído). Quando o projeto não está fiel às instalações executadas, deixamos de confiar nas informações.
- **Manutenção preventiva:** alguns colegas de gestão predial acreditam que as atividades de manutenção têm a obrigação de corrigir todos os problemas associados ao funcionamento dos equipamentos e sistemas. Contudo, quando uma instalação é concluída e colocada em funcionamento sem um comissionamento adequado, corremos o risco de ela não estar em plenas condições de funcionamento, imputando à equipe de manutenção as correções de problemas que poderiam ter sido evitados.
- **Comissionamento das instalações:** esta é uma etapa que infelizmente tem sido esquecida pelos responsáveis pelas instalações ou, quando é realizada, não é executada com a abrangência necessária e com os critérios técnicos adequados. Com isso, perde-se a grande oportunidade de colocar os sistemas em teste no limite da capacidade para os quais foram projetados e, principalmente, em um momento que os usuários finais da edificação ainda não a estejam utilizando. O comissionamento técnico é fundamental; sem ele, não sabemos se os sistemas foram adequadamente executados e se atendem às condições de *performance* estabelecidas pelo fabricante e pelo projetista.

No caso exposto, se o comissionamento da instalação tivesse sido realizado adequadamente, a verificação da temperatura de entrada e saída do fancoil apontaria a divergência em relação aos dados de projeto, e a própria equipe que instalou o sistema receberia a incumbência de diagnosticar o problema e corrigi-lo.

Um bom comissionamento deve seguir um memorial detalhado e que contenha as atividades que testem as instalações em sua plena capacidade de funcionamento, monitorem todas as variáveis e todos os parâmetros técnicos e verifiquem as ações realizadas por profissionais capacitados e especializados na área avaliada (elétrica, hidráulica, climatização, etc.).

Para finalizar, como o problema de climatização foi resolvido, após a subtração do pedaço de solda que obstruía a vazão de água gelada do fancoil, a ligação hidráulica e a reconstituição do isolamento térmico, a máquina foi colocada em funcionamento. Assim, realizamos o monitoramento das variáveis de temperatura, pressão, funcionamento da válvula de água gelada, e confirmamos o ótimo funcionamento da climatização. Todo esse processo foi conduzido pelo time de manutenção de ar-condicionado.

Esse foi um problema que tomou bastante tempo e que perdurou durante pelo menos dois anos, período durante o qual constantes ações de manutenção preventiva foram feitas. No entanto, somente após entendimento de que o problema era de instalação, a equipe evoluiu nas análises e chegou a um diagnóstico que corrigiu totalmente a situação.

Considerações finais

Chegamos ao final desta jornada para tornar a sua vida, gestor de facility, um pouco mais fácil. Tentamos aliar conceitos importantes de gestão de sistemas de climatização e condicionamento de ar com uma linguagem de fácil acesso e assimilação. Não apenas com o objetivo de simplificar o conhecimento, mas também de tornar mais amigável o compartilhamento com colegas e equipes de trabalho.

O mundo dos sistemas de condicionamento de ar e climatização de ambientes é muito grande, e este livro não tem, nem de perto, a pretensão de trazer respostas a todos os problemas, mas de ajudar você a fazer as melhores perguntas para chegar mais rapidamente a uma solução adequada.

Por tratar de um universo tão dinâmico, você pode ter certeza de que esta obra começou a ser revisada no momento que foi publicada. Afinal, o conhecimento é mutante, evolui. E este livro também o será.

Anexo

Abreviações

SIGLA	DEFINIÇÃO
μm	Micrômetro, medida de comprimento equivalente a 10^{-6} metros
μg/m³	Microgramas por metro cúbico
API	*Application programming interface* (aplicação de interface de programação)
BMS	*Building management system* (sistema de gerenciamento de edifícios)
BTU/h	*British thermal unit per hour* (unidade britânica de calor por hora)
°C	Graus Celsius
CFC	Clorofluorcarboneto
$CFCl_2$	Diclorodifluormetano
$CFCl_3$	Triclorofluormetano
Cl	Cloro
ClO	Óxido de cloro
CMMS	*Computerized maintenance management system* (sistema computadorizado de gestão de manutenção)
CO_2	Dióxido de carbono
CO_3	Carbonato
Cr	Cromo
CV	Cavalo-vapor
EER	*Energy efficiency ratio* (taxa de eficiência energética)

(*cont.*)

EN779	*European Standard* 779 (norma europeia nº 779)
F	Flúor
FDS	Ficha de dados de segurança
GWP	*Global warming potential* (potencial de aquecimento global)
HCFC	Hidroclorofluorcarboneto
HCO_3	Bicarbonato
HC	Hidrocarboneto
HFO	Hidrofluorolefina
km/h	Quilômetro por hora
m^3	Metro cúbico
nm	Nanômetro, medida de comprimento equivalente a 10^{-9} metros
NO_3	Nitrato
O	Oxigênio (elemento)
O_2	Gás oxigênio
O_3	Ozônio
ODP	*Ozone depletion potential* (potencial de esgotamento de ozônio)
Osha	Ocupational Safety and Health Administration, agência do departamento do Trabalho do Governo dos Estados Unidos responsável pela saúde e segurança
pH	Potencial de hidrogênio
PM1	Partículas inaláveis com diâmetro inferior a 1 μm
PM2,5	Partículas inaláveis com diâmetro inferior a 2,5 μm
PM10	Partículas inaláveis com diâmetro inferior a 10 μm
PMOC	Plano de manutenção, operação e controle
ppm	Partes por milhão
RE	Resolução

(*cont.*)

RGB	*Red, green, blue* (vermelho, verde e azul), padrão de cores utilizado em diversas aplicações, de máquinas a sistema computacionais
Seer	*Seasonal energy efficiency ratio* (taxa de eficiência energética sazonal)
Na_2SiO_3	Silicato de sódio
SLA	*Service level agreement* (Acordo de Nível de Serviço)
SO_4	Sulfato
TR	Tonelada de refrigeração
UFC/m^3	Unidade formadora de colônia por metro cúbico
UV	Radiação ultravioleta
UVA	Radiação ultravioleta A
UVB	Radiação ultravioleta B
UVC	Radiação ultravioleta C
VAV	Volume de ar variável
VMR	Valor máximo recomendável
VOC	*Volatile organic compound* (composto orgânico volátil)
VRV	Volume de refrigerante variável
VRF	*Variable refrigerant flow* (volume de refrigerante variável)
W	Watt

Referências

A TEMPERATURA do ambiente afeta a produtividade da indústria? Entenda. **Climabrisa**, [*s. d.*]. Disponível em: https://blog.climabrisa.com.br/2-dicas--para-melhorar-a-temperatura-e-aumentar-a-produtividade-em-centros-logisticos/. Acesso em: 13 mar. 2025.

ABRANTES, Francisco. **Gerenciamento de facilities e properties**. São Paulo: Reis Editor, 2017.

AERODISPERSOIDES: causas de doenças respiratórias. **Unipacs**, 3 dez. 2014. Disponível em: https://www.unipacs.com.br/sem-categoria/aerodispersoides-causas-de-doencas-respiratorias/#:~:text=Por%C3%A9m%2C%20existem%20outros%20perigos%2C%20e,s%C3%A3o%20ocasionados%20pelos%20chamados%20Aerodispers%C3%B3ides. Acesso em: 24 abr. 2021.

AMERICAN SOCIETY OF HEATING, REFRIGERATING AND AIR--CONDITIONING ENGINEERS – ASHRAE. Guidelines. **ASHRAE**, [*s. d.*]. Disponível em: https://www.ashrae.org/technical-resources/standards-and-guidelines. Acesso em: 10 mar. 2025.

ASPERGILLUS fumigatus é o fungo patogénico mais encontrado em ambiente hospitalar. **Faculdade de Medicina da Universidade do Porto**, 2022. Disponível em: https://sigarra.up.pt/fmup/pt/noticias_geral.ver_noticia?p_nr=726#:~:text=O%20Aspergillus%20encontra%2Dse%20em,%C3%A1gua%2C%20calor). Acesso em: 4 abr. 2021.

ASSOCIAÇÃO BRASILEIRA DE NORMAS TÉCNICAS. **NBR 10151**: acústica, medição e avaliação de níveis de pressão sonora em áreas habitadas; aplicação de uso geral. Rio de Janeiro: ABNT, 2019a.

ASSOCIAÇÃO BRASILEIRA DE NORMAS TÉCNICAS. **NBR 13971**: sistemas de refrigeração, condicionamento de ar e ventilação; manutenção programada. Rio de Janeiro: ABNT, 2014.

ASSOCIAÇÃO BRASILEIRA DE NORMAS TÉCNICAS. **NBR 14679**: sistemas de condicionamento de ar e ventilação; execução de serviços de higienização. Rio de Janeiro: ABNT, 2012.

ASSOCIAÇÃO BRASILEIRA DE NORMAS TÉCNICAS. **NBR 15569**: sistema de aquecimento solar de água em circuito direto; requisitos de projeto e instalação. Rio de Janeiro: ABNT, 2021a.

ASSOCIAÇÃO BRASILEIRA DE NORMAS TÉCNICAS. **NBR 15960**: fluidos frigoríficos, recolhimento, reciclagem e regeneração; procedimento. Rio de Janeiro: ABNT, 2021b.

ASSOCIAÇÃO BRASILEIRA DE NORMAS TÉCNICAS. **NBR 16069**: segurança em sistemas de refrigeração. Rio de Janeiro: ABNT, 2018a.

ASSOCIAÇÃO BRASILEIRA DE NORMAS TÉCNICAS. **NBR 16101**: filtros para partículas em suspensão no ar; determinação da eficiência para filtros grossos, médios e finos. Rio de Janeiro: ABNT, 2023.

ASSOCIAÇÃO BRASILEIRA DE NORMAS TÉCNICAS. **NBR 16401**: instalações de ar-condicionado; sistemas centrais e unitários. Rio de Janeiro: ABNT, 2008b. 3 v.

ASSOCIAÇÃO BRASILEIRA DE NORMAS TÉCNICAS. **NBR 16655**: instalação de sistemas residenciais de ar-condicionado; split e compacto. Rio de Janeiro: ABNT, 2018c.

ASSOCIAÇÃO BRASILEIRA DE NORMAS TÉCNICAS. **NBR ISO 16890**: filtros de ar para ventilação em geral. Rio de Janeiro: ABNT, 2018d. 3 v.

ASSOCIAÇÃO BRASILEIRA DE NORMAS TÉCNICAS. **NBR ISO 29463**: filtros e meios filtrantes de alta eficiência para remoção de partículas no ar. Rio de Janeiro: ABNT, 2021c.

ASSOCIAÇÃO BRASILEIRA DE NORMAS TÉCNICAS. **NBR ISO 41001**: facility management; sistema de gestão; requisitos com orientações de uso. Rio de Janeiro: ABNT, 2020.

ASSOCIAÇÃO BRASILEIRA DE NORMAS TÉCNICAS. **NBR ISO 41011**: facility management; vocabulário. Rio de Janeiro: ABNT, 2019b.

ASSOCIAÇÃO BRASILEIRA DE NORMAS TÉCNICAS. **NBR 7256**: tratamento de ar em estabelecimentos assistenciais de saúde (EAS). Rio de Janeiro: ABNT, 2003.

ASSOCIAÇÃO BRASILEIRA DE REFRIGERAÇÃO, AR CONDICIONADO, VENTILAÇÃO E AQUECIMENTO. Cuidando da qualidade do ar em edificações. São Paulo: **Abrava**, [*s. d.*]. Disponível em: https://abrava.com.br/departamentos-nacionais/dn-qualindoor-qualidade--do-ar-interno/15125-2/. Acesso em: 4 abr. 2021.

ASSOCIAÇÃO BRASILEIRA DE REFRIGERAÇÃO, AR CONDICIONADO, VENTILAÇÃO E AQUECIMENTO. **Renabrava 1**: execução de serviços de limpeza e higienização de sistemas de distribuição de ar. São Paulo: Abrava, 1999.

ASSOCIAÇÃO BRASILEIRA DE REFRIGERAÇÃO, AR CONDICIONADO, VENTILAÇÃO E AQUECIMENTO. **Renabrava 2**: qualidade do ar interior em sistemas de condicionamento de ar e ventilação para conforto. São Paulo: Abrava, 2003a.

ASSOCIAÇÃO BRASILEIRA DE REFRIGERAÇÃO, AR CONDICIONADO, VENTILAÇÃO E AQUECIMENTO. **Renabrava 3**: sistemas de condicionamento de ar para conforto térmico. São Paulo: Abrava, 2003b.

ASSOCIAÇÃO BRASILEIRA DE REFRIGERAÇÃO, AR CONDICIONADO, VENTILAÇÃO E AQUECIMENTO. **Renabrava 5**: guia para uso e aplicação dos fluidos frigoríficos. São Paulo: Abrava, 2016a.

ASSOCIAÇÃO BRASILEIRA DE REFRIGERAÇÃO, AR CONDICIONADO, VENTILAÇÃO E AQUECIMENTO. **Renabrava 6**: guia para inspeção de sistemas de ar-condicionado. São Paulo: Abrava, 2016b.

ASSOCIAÇÃO BRASILEIRA DE REFRIGERAÇÃO, AR CONDICIONADO, VENTILAÇÃO E AQUECIMENTO. **Renabrava 7**: cartilha de orientação sobre manutenção de sistemas de climatização (PMOC). São Paulo: Abrava, 2018.

ATKIN, Brian; BROOKS, Adria. **Total facilities management.** 3. ed. Oxford: Wiley Blackwell, 2009.

BELO, Allan Cavalcanti. **Ar condicionado e refrigeração**. Alagoas: Centro de Ciências Agrárias: Universidade Federal de Alagoas. Disponível em: https://www.docsity.com/pt/definicao-e-historico-sobre-refrigeracao/4945723/. Acesso em: 2 maio 2021.

BIOAEROSSOL (fungos viáveis). **HC Bioanálises**, [*s. d.*]. Disponível em: http://qualidadearinterior.com.br/geral/bioaerossol-fungos-viaveis/. Acesso em: 4 abr. 2021.

BOFF, Cristiane. **Monitoramento de fungos do ar de unidades de terapia intensiva**. 2011. 61 f. Dissertação (Mestrado em Ciências Pneumológicas) – Universidade Federal do Rio Grande do Sul, Porto Alegre, 2011.

BRADY, James E.; HUMISTON, Gerard E. **Química geral**. v. 1. 2. ed. São Paulo: Moderna. 1996.

BRASIL. Agência Nacional de Vigilância Sanitária. Resolução – RE nº 9, de 16 de janeiro de 2003. **Diário Oficial da União**, Brasília, DF, 17 jan. 2003.

BRASIL. Decreto nº 99.280, de 6 de junho de 1990. Promulgação da Convenção de Viena para a proteção da camada de ozônio e do Protocolo de Montreal sobre substâncias que destroem a camada de ozônio. **Diário Oficial da União**, Brasília, DF, 7 jun. 1990a.

BRASIL. Instrução normativa Ibama nº 37, de 29 de junho de 2004. Dispõe sobre o cadastramento junto ao Ibama das empresas que operam com substâncias que destroem a camada de ozônio. **Diário Oficial da União**, Brasília, DF, 30 ago. 2004.

BRASIL. Lei nº 13.589, de 4 de janeiro de 2018. Dispõe sobre a manutenção das instalações e equipamentos de sistemas de climatização de ambientes. **Diário Oficial da União**, Brasília, DF, 5 jan. 2018a.

BRASIL. Ministério da Saúde. Portaria nº 3.523, de 28 de agosto de 1998. **Diário Oficial da União**, Brasília, DF, 31 ago. 1998.

BRASIL. Ministério do Meio Ambiente. **Programa brasileiro de eliminação dos HCFCs (PBH)**: etapa 1. Brasília, DF: MMA, 2011. 121 p.

BRASIL. Ministério do Meio Ambiente. **Programa brasileiro de eliminação dos HCFCs (PBH)**: etapa 2. Brasília, DF: MMA, 2016. 128 p.

BRASIL. Ministério do Trabalho. Norma regulamentadora nº 15 (NR-15). Portaria nº 3.214, de 8 jun. 1978. **Diário Oficial da União**, Brasília, DF, 6 jul. 1978. Disponível em: https://www.gov.br/trabalho-e-emprego/pt-br/acesso-a-informacao/participacao-social/conselhos-e-orgaos-colegiados/comissao-tripartite-partitaria-permanente/normas-regulamentadora/normas-regulamentadoras-vigentes/norma-regulamentadora-no-15-nr-15. Acesso em: 12 mar. 2025.

BRASIL. Portaria interministerial nº 364, de 24 de dezembro de 2007. Dispõe sobre a regulamentação específica definindo os índices mínimos de eficiência energética de condicionadores de ar. **Diário Oficial da União**, Brasília, DF, 26 dez. 2007.

BRASIL. Resolução Conama nº 003, de 28 de junho de 1990. Dispõe sobre padrões de qualidade do ar, previstos no Pronar. **Diário Oficial da União**, Brasília, DF, 22 ago. 1990b.

BRASIL. Resolução Conama nº 267, de 14 de setembro de 2000. Dispõe sobre a proibição de utilização de substâncias que destroem a camada de ozônio. **Diário Oficial da União**, Brasília, DF, 11 dez. 2000.

BRASIL. Resolução Conama nº 491, de 19 de novembro de 2018. Dispõe sobre padrões de qualidade de ar. **Diário Oficial da União**: seção 1, Brasília, DF, n. 223, p. 155-159, 21 nov. 2018b.

BURNHAM, John M. **Integrative facilities management**. Burr Ridge, IL: Irwin Professional Publishing, 1994.

CÂMARA, Bruno. Aspergillus sp. **Biomedicina Padrão**, 25 abr. 2013. Disponível em: https://www.biomedicinapadrao.com.br/2013/04/aspergillus-sp.html. Acesso em: 4 abr. 2021.

CANGUSSU, Ligia. Microbiologia da água. **Microbiologia e saúde**, 2020. Disponível em: https://www.luciacangussu.bio.br/atlas/legionella-pneumophila/#:~:text=As%20bact%C3%A9rias%20do%20g%C3%AAnero%20Legionella,esp%C3%A9cies%20n%C3%A3o%20flageladas%20no%20g%C3%AAnero. Acesso em: 6 jun. 2021.

COMO Johann Ritter descobriu o ultravioleta? **Espaço Ciência Viva**, [*s. d.*]. Disponível em: https://cienciaviva.org.br/como-johann-ritter-descobriu-o--ultravioleta. Acesso em: 4 abr. 2021.

CORREA, Yuri. História dos fluidos refrigerantes: da origem ao cenário atual. **Web Ar-condicionado**, 16 dez. 2019. Disponível em: https://www.webar-condicionado.com.br/historia-dos-fluidos-refrigerantes-da-origem-ao-cena-rio-atual. Acesso em: 2 maio 2021.

DESINFECÇÃO de bactérias, fungos e vírus. **Natural Ar**, [*s. d.*]. Disponível em: https://tratamentodear.com.br/radiacao-ultravioleta-ozonio-desinfeccao/. Acesso em: 29 maio 2021.

EDENS, William. Legionnaire's disease and pontiac fever. *In:* **CDC Yellow Book 2024**. Atlanta: CDC, 2024. Disponível em: https://wwwnc.cdc.gov/travel/yellowbook/2024/infections-diseases/legionnaires-disease-and-pontiac-fever#:~:text=Legionnaires'%20disease%20typically%20presents%20with,the%20outbreak%20develop%20Legionnaires'%20disease. Acesso em: 17 mar. 2025.

FLUIDOS refrigerantes: história e aplicação. **BetaEQ**, [*s. d.*]. Disponível em: https://betaeq.com.br/index.php/2019/05/28/fluidos-refrigerantes-historia--e-aplicacao/. Acesso em: 2 maio 2021.

FLUIDOS refrigerantes: por que recolher, reciclar e regenerar? **Blog do Seu Paschoal**, 2017. Disponível em: https://seupaschoal.blog.br/fluidos-refrigerantes-reciclagem-regeneracao/. Acesso em: 13 mar. 2025.

FREEDMAN, Andrew. MOONEY Chris. Earth's carbon dioxide levels hit record high, despite coronavirus-related emissions drop. **The Washington Post**, 4 jun. 2020. Disponível em: https://www.washingtonpost.com/weather/2020/06/04/carbon-dioxide-record-2020/. Acesso em: 18 abr. 2021.

FREEDONIA GROUP. World Hvac equipment demand to reach $120 billion. **Consulting – Specifying Engineer**, 29 maio 2014. Disponível em: https://www.csemag.com/articles/world-hvac-equipment-demand-to-reach--120-billion/. Acesso em: 31 jan. 2021.

FRIDAY, Stormy *et al.* **Quality facility management**: a marketing and customer service approach. New York: John Wiley & Sons, 1995.

GARRIDO, Lucas Alvares Martin; MARTIN, Inácio Malmonge. Formação de ozônio artificial usando radiação de micro-ondas na baixa estratosfera terrestre. *In*: ENCONTRO DE INICIAÇÃO CIENTÍFICA, 15., 2008, São José dos Campos. **Anais [...]**. São José dos Campos: ITA, 2008.

GHASEMIAN, Abdolmajid *et al.* Types and levels of bioaerosols in healthcare and community indoor settings in Iran. **Avicenna Journal of Clinical Microbiology and Infection**, v. 4, n. 1, 2017.

GRACILIANO, Jesue. A bela história da refrigeração. **Jesuegraciliano**, 5 maio 2018. Disponível em: https://jesuegraciliano.wordpress.com/2018/05/05/a-bela-historia-da-refrigeracao/. Acesso em: 24 abr. 2021.

HELERBROCK, Rafael. Espectro eletromagnético. **Brasil Escola**, [*s. d.*]. Disponível em: https://brasilescola.uol.com.br/fisica/espectro-eletromagnetico.htm. Acesso em: 2 maio 2021.

HISTORY of ozone: past developments in ozone application. **Lenntech**, [*s. d.*]. Disponível em: https://www.lenntech.com/library/ozone/history/ozone-history.htm#:~:text=A%20Dutch%20chemist%20called%20Van,to%20detect%20ozone%20gas%20sensorially.&text=He%20called%20this%20gas%20'ozone,ozone%20is%20ascribed%20to%20Sch%C3%B6nbein. Acesso em: 29 maio 2021.

INSTITUTO PORTUGUÊS DE QUALIDADE. **Prevenção e controlo de *Legionella* nos sistemas de água**. Lisboa: Comissão Setorial para a Água, 2014.

LIPSETT Michael J.; SHUSTERMAN, Dennis J., BEARD, Rodney R. Inorganic compounds of carbon, nitrogen, and oxygen. *In*: CLAYTON, George D.; CLAYTON, Florence D. (org.). **Patty's industrial hygiene and toxicology**. New York: John Wiley & Sons, 1994. p. 4.523-4.554.

MANDAL, Jyotshna; BRANDL, Helmut. Bioaerosols in indoor environment: a review with special reference to residential and occupational locations. **The Open Environmental Biological Monitoring Journal**, v. 4, p. 83-96, 2011.

MATERIAIS de construção podem favorecer o surgimento do mofo. **Agência USP**. São Paulo: Agência USP, 2021. Disponível em: http://www.usp.br/agen/rede494.htm#:~:text=Pap%C3%A9is%20de%20parede%2C%20madeira%20e,constru%C3%A7%C3%A3o%20mais%20atacados%20pelos%20fungos.&text=O%20fungo%20Cladosporium%20foi%20o,argamassa%20com%20ou%20sem%20pintura. Acesso em: 4 abr. 2021.

MAXWELL, James Clerk (1831-1879). **Faculdade de Engenharia Mecânica – Unicamp**, Campinas, [*s. d.*]. Disponível em: http://www.fem.unicamp.br/~em313/paginas/person/maxwell.htm#:~:text=Em%201864%20ele%20desenvolveu%20as,rela%C3%A7%C3%A3o%20%C3%A0%20dire%C3%A7%C3%A3o%20de%20propaga%C3%A7%C3%A3o. Acesso em: 2 maio 2021.

MAY, Michael; WILLIAMS, Geoff. **The facility manager's guide to information technology**. Houston: International Facility Management Association, 2012.

MORAES, Alexandre Perri. **Qualidade de ar interno com ênfase na concentração de aerodispersoides nos edifícios**. 2006. 159 p. Dissertação (Mestrado em Engenharia Civil) – Escola Politécnica, Universidade de São Paulo, São Paulo, 2006.

O FUTURO da refrigeração: economia de energia e redução de impacto ambiental. **Revista do Frio**, 7 jan. 2021. Disponível em: https://revistadofrio.com.br/o-futuro-da-refrigeracao/. Acesso em: 31 jan. 2021.

O QUE deve saber sobre a *Legionella*. **CUF**, 8 fev. 2018. Disponível em: https://www.cuf.pt/mais-saude/o-que-deve-saber-sobre-legionella. Acesso em: 6 jun. 2021.

O QUE é COP e EER? Aprenda como calcular. **Guia do Ar Condicionado**, 20 jun. 2018. Disponível em: https://guiadoarcondicionado.com.br/o-que-e-cop-e-eer-aprenda-como-calcular/. Acesso em: 28 fev. 2021.

O QUE É trabalhador habilitado, qualificado, capacitado, autorizado e ambientado. **Rescue 7**, [*s. d.*]. Disponível em: https://www.rescuecursos.com/o-que-e-trabalhador-habilitado-qualificado-capacitado-autorizado-e-ambientado/. Acesso em: 21 mar. 2021.

O QUE SIGNIFICA GWP e ODP???. **Recigases**, 15 jul. 2020. Disponível em: https://blog.recigases.com/blog/o-que-significa-gwp-e-odp. Acesso em: 2 maio 2021.

OS GRANDES acumuladores de água quente sanitária (AQS) e prevenção da proliferação de *Legionella*. **Portal Tratamento de Água**, São Paulo, 11 fev. 2019. Disponível em: https://tratamentodeagua.com.br/artigo/acumulado-res-agua-sanitaria-legionella/. Acesso em: 6 jun. 2021.

OZONE Production. **Oxidation Technologies**, [*s. d.*]. Disponível em: https://www.oxidationtech.com/ozone/ozone-production.html#:~:text=Ozone%20is%20produced%20commercially%20from,can%20be%20produced%20from%20air. Acesso em: 29 maio 2021.

PEIXOTO, Roberto de Aguiar. Impacto ambiental de refrigerantes em sistemas de refrigeração e AC. **Consultoria Ambiental**, [*s. d.*]. Disponível em: https://www.consultoriaambiental.com.br/pdf/pdf-23.pdf. Acesso em: 29 maio 2021.

PERSILY A. K.; GORFAIN J. Analysis of ventilation data from the U.S. environmental protection agency building assessment survey and evaluation (Base) study. **National Institute for Standards and Technology**, n. 7145, rev., 2008.

PREVENÇÃO e controlo da *Legionella* em sistemas de água: análise de risco e elaboração de planos de prevenção e controlo. **Cenertec**, 2021. Disponível em: https://cenertec.pt/?p=cursos&slug=prevencao-e-controlo-da-legionella--em-sistemas-de-agua-analise-de-risco. Acesso em: 6 jun. 2021.

PROJETO KIGALI; INSTITUTO CLIMA E SOCIEDADE – iCS. **Factsheet Kigali – Mercado de fluidos refrigerantes no Brasil**. Rio de Janeiro: Projeto Kigali; iCS, [*s. d.*].

RECICLAGEM de gases refrigerantes. **Gás Eco**, [*s. d.*]. Disponível em: https://gas-eco.com.br/servico/reciclagem-de-gases-refrigerante-2/#:~:text=O%20procedimento%20de%20reciclagem%20juntamente,consumo%20de%20energia%20das%20m%C3%A1quinas. Acesso em: 2 maio 2021.

REED, Nicholas G. The history of ultraviolet germicidal irradiation for air desinfection. **Public Health Reports**, v. 125, n. 1, p. 15-27, 2010. Disponível em: https://www.ncbi.nlm.nih.gov/pmc/articles/PMC2789813/. Acesso em: 2 maio 2021.

RHEVA – Federation of European Heating, Ventilation and Air Conditioning Associations. Guidebook repository. **RHEVA**, [*s. d.*]. Disponível em: https://www.rehva.eu/hvac-guidebook-repository. Acesso em: 15 mar. 2025.

ROE, Marc. Mecanismo de filtração de partículas de respiradores. **Provida**, [*s. d.*]. Disponível em: http://www.provida.ind.br/site/index.php/bacterias/causas-efeitos/182-respiradores-mecanicos-hospitalares.html. Acesso em: 29 maio 2021.

RONDEAU, Edmond P. *et al.* **Facility management**. 2. ed. New York: John Wiley & Sons, 2006.

RUSSEL, John Blair. **Química geral**. v. 1. 2. ed. São Paulo: Makron Books, 1994.

SANTOS, José Carlos Fernandes dos. Princípio das trocas de calor. **Educação. Física**, 2020. Disponível em: http://educacao.globo.com/fisica/assunto/termica/principio-das-trocas-de-calor.html#:~:text=J%C3%A1%20vimos%20que%20a%20explica%C3%A7%C3%A3o,at%C3%A9%20atingir%20o%20equil%C3%ADbrio%20t%C3%A9rmico.&text=Chamamos%20de%20sistema%20isolado%20um,calor%20com%20o%20ambiente%20externo. Acesso em: 31 jan. 2021.

SEKULA, Mark; ROSARIO, Cornel. **The facility manager's field guide**. [*S. l.*]: Cornel Rosario Photography, 2011.

TEIXEIRA, Mariane Mendes. Tipos de ondas eletromagnéticas. **Mundo Educação**, [*s. d.*]. Disponível em: https://mundoeducacao.uol.com.br/fisica/o-que-sao-ondas-eletromagneticas.htm. Acesso em: 2 maio 2021.

THERIALT, Michael. **Managing facilities & real estate**. New York: WoodStone Press, 2010.

TINÔCO, Juliana Delgado. **Desinfecção por radiação ultravioleta**: estudo de desempenho do processo e avaliação econômica. 2011. 229 p. Tese (Doutorado em Engenharia Hidráulica e Saneamento) – Escola Politécnica, Universidade de São Paulo, São Carlos, 2011.

UNDERSTANDING refrigerant safety classification. **MSA Bacharach**, [*s. d.*]. Disponível em: https://www.mybacharach.com/pt/understanding-refrigerant-safety-classification/. Acesso em: 29 maio 2021.

VOCS: conheça os compostos orgânicos voláteis. **eCycle**, [*s. d.*]. Disponível em: https://www.ecycle.com.br/1281-voc-compostos-organicos-volateis. Acesso em: 24 abr. 2021.

WHAT is CO_2? **AirThings**, [*s. d.*]. Disponível em: https://www.airthings.com/what-is-carbon-dioxide. Acesso em: 18 abr. 2021.

WORLD HEALTH ORGANIZATION – WHO. **WHO guidelines for indoor air quality**: dampness and mould. Geneva: WHO, 2010.